誰がこの国を
動かしているのか

一握りの人による、一握りの人のための政治を変える

鳩山友紀夫　白井聡　木村朗

詩想社
—新書—

まえがき

戦後日本の根深い癒着構造

鳩山友紀夫

自然の神様は私たちに何を告げようとしているのでしょうか。

東日本大震災、福島原発事故からまだ五年、被災された多くの方々は、震災前の生活とはほど遠い暮らしを余儀なくされていますし、原発事故はいまだに収束したとはとても呼べる状態ではありません。

そこに今度は熊本地方を震源として、大分、福岡、佐賀まで広い範囲で阪神大震災級のマグニチュード七・三の強震が連続して発生しました。今回の地震の特徴は、最初の地震の後に震源が北東の方向に延びて震度六クラスの地震が何度も起き、本震はむしろ二日後だったことです。この地震はどれも「布田川《ふたがわ》断層帯」と呼ばれる断層で起きています。群発地震は北東の方向に向かいましたが、南西の方向に向かえば「日奈久《ひなぐ》断層帯」につながる可能性があります。川内原発はこの「日奈久断層帯」の上にあるのです。いや最初の地震は「日奈久断層帯」で起き、それが二日後の「布田川断層帯」につながったとする見方もあるくらいです。

ストレスは北東の方向には解放されましたが、南西の方向にはたまっていると見るべきではないでしょうか。近い将来に、福島原発で起きてしまったような事故が、川内原発で起こらないと誰が断言できるのでしょうか。

それでも安倍内閣は完全な避難計画もできていない川内原発を稼働させ続けています。それでは政治は何のためにあるのでしょうか。万人の幸せのためにあるのではないでしょうか。一部の恵まれた財界や政界の人の幸せのために、多くの人々を危険にさらしてよいのでしょうか。たとえ最悪の事態が起きたとしても、できる限り安心な環境を提供することが政府の役割です。直ちに川内原発を止めるべきです。

今回の熊本地震に遭遇して、二つのことを政府は決断するべきです。その一つは言うまでもなく、日本は原発政策をやめることです。福島原発事故で、福島の住民だけでなく、世界中の人々に放射能被害をまき散らし続けているうえに今度の震災です。もし政府がとり得べき政策をとらずして、再び原発事故を起こしたら、今度は同情どころではありません。世界中の非難が日本に向けられることは間違いありません。稼働している川内原発は直ちに止めて、稼働していないすべての原発はそのまま稼働させないことです。日本列島は二〇〇〇以上の活断層の上にあることを銘記すべきです。日本中どこでも大きな地震は起きるのです。少なくとも日本は原発にはまったく適していない国だということを今回の震災が示しているのです。

あえて申し上げれば、「布田川断層帯」は北東へ延びて「別府―万年山《はねやま》断層帯」と重なっており、その先は四国の「中央構造線断層帯」につながっています。この断層帯の最も九州寄りのところに伊方原発があります。伊方原発は一号機の廃炉を決定しましたが、二、三号機については再稼働に向けて準備が進められているようです。伊方原発は再稼働すべきではないことを今回の地震が警告したのです。今回の震災が、川内原発と伊方原発の間の断層で起こったことを、単なる偶然と捉えたり、両原発の中間でよかったと安堵している場合ではありません。原発の再稼働は止めよとの自然の神の啓示と捉えることです。

世界全体では自然エネルギーの発電量がすでに原発を凌駕しています。日本政府は原発を再稼働させるために、自然エネルギーの普及を制限していますが、このような時代に逆行している政策は直ちにやめて、自然エネルギーの普及に政府を挙げて支援すべきです。自然エネルギーの賦存量《ふぞんりょう》では世界一とも言えるモンゴルや内モンゴルから、電線でエネルギーを運ぶ夢のアジアスーパーグリッド構想に、政府は積極的に協力することです。

もう一つは、熊本地震を二〇二〇年東京オリンピック・パラリンピック開催から名誉ある撤退をする最後の機会と考えることです。子どもたちの甲状腺がんは異常な勢いで増えていますし、メルトスルーした核燃料の行方はわからず、放射性物質は土壌を汚染するばかりか、海に、空に、そして地下水へと拡散し続けています。土壌や汚染水の除染はままならず、汚染水は薄めて海へ流していると噂されています。東京も放射能被害とは無縁でありません。こんな状態で世界の一流アスリートを呼ぶことは、極めて失礼なことではないでしょうか。安倍首相は福島はアンダーコントロールと胸を張って、東京オリンピックの招致に成功しました。嘘をついて招致したものを返上するのは筋ですが、間違っていましたので返上しますとは言いにくいでしょう。それで熊本地震を理由に名誉ある撤退をすればよいのです。

東京オリンピックを開催する余裕があるのならば、その資金をすべて東日本大震災及び福島原発事故の被災者のみなさまの生活再建と、今回の熊本地震の被災者の救済にあてればよいのです。さらに、地震や津波、そして地球温暖化地獄によって予想される災害の巨大化に対する防災システムの構築に、ハード面のみならずソフト面についても万全を期すべきです。東北と九州の震災から私たちはもっと学んで行動しなければなりません。

原発を止められないのも、東京オリンピックを開催するのも、政治と経済と行政の癒着です。それを大手メディアが正面から批判できないのは、政治と経済と行政とマスコミの癒着です。さらに学識経験者がだんまりを決め込んでいるのは、政治と経済と行政とマスコミと学問の癒着と言えるでしょう。

このような癒着の構造がグローバル化していることが、「パナマ文書」で明らかになりました。タックスヘイヴンを利用したマネーロンダリングを薦めるコンサルタント会社から膨大な資料が流出して、世界の名だたる大統領・首相・政府高官たちやその家族・関係者が顧客になっていることがわかったのです。タックスヘイヴンを利用すること自体は違法ではないのですが、政治家が自国に税金を払わずに、他国を利用して脱税をするということは、自国の国民の幸せよりも自分の利益を優先することですから、政治家として好ましからぬ行為と思われても仕方ないでしょう。そして巨大銀行が政治家のこの好ましからぬ行為の後押しをしていることも判明しています。グローバルな癒着はとてつもない広がりを見せていたのです。

世界はグローバル化の中で、ごく僅か一％の資産家と、九九％のそうでない人々とに分かれてきています。そしてその一％の資産家の財産の多くがタックスヘイヴンを利用して税金逃れをされるのならば、九九％の人々の幸せのためには使われないことになります。これはグローバル資本主義が役割を果たし得なくなってきていることを意味しています。私は行き詰まったグローバル資本主義を打開していくためには、何らか「友愛」の理念を導入した新しい資本主義を創造していかなくてはならないと思います。

癒着したグローバル資本主義を打破するのは、逆説的に申せば、癒着先進国の日本だからこそ可能かもしれません。アメリカをトップに据えた日本の癒着構造を打破する政治勢力をいま一度、今度はしっかりとした覚悟を持ってつくり上げることです。世界に尊敬される尊厳ある日本の誕生こそ、真の「戦後レジームからの脱却」となるでしょう。

偉そうなことを書きましたが、この本は、対米従属の既得権構造にメスを入れることに失敗した者と、その失敗の事例から、国を動かしている本質を鋭く追究して明らかにした二人の新進の学者との間の鼎談をまとめたものです。この本をお読みいただき、「誰がこの国を動かしているのか」、おわかりになれると思います。そして、その根の深さを認識していただくことによって、私たち一人ひとりがどのような行動をとるべきかの指針が得られることを期待しています。

誰がこの国を動かしているのか◎目次

第2章　この国を動かしているのは誰なのか　69

第5章　いま求められている日本外交とは　

第6章　拉致、慰安婦問題に垣間見える戦後日本人の被害者意識　235

校正・萩原企画

第1章

安倍政治、対米隷属レジームの正体

戦後日本の国家方針を根本から転換した安倍政権

木村朗　まずは、暴走する安倍政権は日本をどこに向かわせようとしているのかという大きなテーマでお話をさせていただきたいと思います。

二〇一五年九月、安保関連法案が参議院の特別委員会での強行採決と本会議での採決を経て成立しました。国会だけでなく全国各地でも、この安保法案は戦争法案であり、ストップしなければならないという動きが広がりました。ＳＥＡＬＤｓ《シールズ》などの若者も含め、全国各地で多くの国民が抗議の声を上げ、国会内でも野党が議事運営も含めた進め方のおかしさを抗議していました。参議院の特別委員会での採決では、まともな議事録さえ残っていない。にもかかわらず結局、安保法案は成立します。

白井聡　三・一一以降、ひたすらろくでもないことが続いていて、しかも、そのろくでもなさというのが、これまで常識的に想定し得たレベルを超えている。安倍政権になってからの三年近くも、想定を超える驚くべきろくでもないことが続いており、もう大概のことでは驚かなくなってきてしまいました。
安倍さんは前の政権を担当する直前に『美しい国へ』という本を出版しましたが、実際いま、彼が実現しようとしている国を一言で言うなら、「美しい国」ではなく「恥ずかしい国」と言うのが現実だろうと私は常々言ってきました。いまや、だんだん恥ずかしいを通り越して「おぞましい国へ」ということになりつつあるとさえ思います。そのおぞましさというのは、新安保法制だけではなく、TPPの問題や閣僚たちの底抜けの発言などにも見られます。それらは、「劣化」や「レイシズムの跋扈《ばっこ》」といった、ある種、社会の風潮とつながっている。

鳩山友紀夫　私はこれまでの安倍政権のいくつかの例を見てくると、結局、安倍総理というのは、法律よりも自分が上であるという見方をされているのではないかと思います。憲法よりも自分が上にある、法律などどうでもいい、憲法などくそ食らえと。さすがにそれは言い過ぎかもしれませんが、解釈改憲というのは度が過ぎています。どう考えても解釈できない解釈にまで踏み込んで、集団的自衛権の行使を容認するあのような法律をつくってしまうわけですから。
辺野古の問題でも同様です。沖縄県知事が県民を代表して埋め立て承認を取り消してほしい、前知事がやった埋め立て承認は間違っていたと言っているのです。有識者の中で、そのような結論を出し、それを国にぶつけると、逆に行政不服審査という手を打ってくる。どう考えても、行政に不服があるのは国民であって、本来、国家が不服を言われるほうなのに、自分たちが不服を言って、取り消しを取り消しさせる、というむちゃくちゃな法律の曲解をやってくる。安倍さんは海外では、日本は法治国家だというふうにおっしゃっていますが、とても法治国家の体を成していない国になっているというのが、いくつかの例に共通する安倍さんの対応です。

木村　手続き的にも内容的にも違憲、違法なものを、選挙で勝って委任されたのだということだけを正当性の根拠にして進めていく。場合によっては、安保法案のように選挙でも掲げていなかったような問題も含めて、民意を無視して数の力で突っ走るいまのやり方というのは、いわゆる「壊憲クーデター」と言えます。民主主義を装ったファシズム、民主主義の名を借りたファシズムに、もうすでに安倍政権はなりつつあるのではないかと私は見ています。

つまり現在の日本というのは、「上からの壊憲クーデター」、「上からのファシズム」が進行しながら、民主主義からファシズムに移行しつつありますが、あくまでも民主主義が捨てられていない装いはとっている。平和国家から戦争国家へと転換、変貌しつつあるのですが、あくまでも「積極的平和主義」という言葉を使っていたり、平和安全法制という言葉を使っているように、平和に見せかけた形で実質上の戦争国家にもなっているという状況がいま、続いていると思います。

やはり安倍首相、安倍政権は何を最終的に目指しているのか。それは安倍首相とはいったい何ものなのかという問題とも重なると思いますが。

白井　現状について、これはファシズム的ではないかという話が出ましたが、私も含めていろいろな人がその見解に関しては賛成すると思いますね。以前、宮台真司さんと話したときに、自分たちが生きている間に、こんなにもわかりやすいファシズム的なものに遭遇するとは思いもしなかったというふうに意見が一致したことがありました。

ただしファシズムという言葉は、これまで社会分析、政治分析で非常に多用されていた言葉で、ともすると何を言っているのかよくわからない言葉でもあります。人によって定義が違い、混乱を招きかねない言葉なので、少し注意しないといけない。

私が賛成するファシズムの定義は、スラヴォイ・ジジェクという思想家の定義です。「何一つ、変えないということを本当の目的として、すべてを変えるふりをする政治というのがファシズムである」と彼は言っていて、ドイツのナチズムを典型例としています。これは、私はなかなか鋭い定義だと思っています。

安倍さんの政治が何を目指しているのかを見ていくと、ずばりこの定義に当てはまってくる。確かに、変わっている部分と変わっていない部分があります。変わっている部分とは、積極的平和主義というスローガンに代表される、戦後日本の国家方針の根本的な転換です。

これまでの日本は消極的平和主義だったが、それを積極的なものに転換するのだと主張していますが、それは実質的にどのようなことを言っているのか。

平和主義とは、どのような国家も言うことです。「我が国は戦争が大好き、気に食わないやつはどんどん殺すんだ」などということを堂々と言う国家は地球上を見わたしても一つもないわけで、どの国も「我が国は平和主義を国是とする」と言います。

だとすると平和主義は実質的に何を意味しているのかといえば、これは安全保障の一般的方針だということだと思います。つまり、国が安全を守ろうとするときに二つ方策がある。積極的なやり方と消極的なやり方。消極的とはどういうことかというと、なるべく戦争をしないということですよね。なるべく戦争しないことによって、戦争から身を遠ざけることによって自国の安全を保とうというやり方です。確かに日本は戦後七〇年間、ほぼ一貫して、その態度でやってきたと思います。

もう一方で積極策というものがありますが、それは戦争をすることによって、戦争をも辞さずという形で自国の安全を保つ。つまり敵をそれこそ積極的に名指しして、これを攻撃したり、無力化したりすることによって自国の安全を守りますというのが積極策ですね。

第二次大戦後も終始一貫してそれをやってきた国があり、それがアメリカというわけです。要するにこれから自衛隊をある種、米軍の補助戦力として使っていくということですから当然、アメリカの兵隊の使い方の原則というものと日本の兵隊の使い方の原則というものを一致させないといけないということになるわけです。したがって消極策から積極策に転換しなきゃならないということですね。積極的平和主義というのは、とても大きな転換であり、かつ、戦後社会、日本社会で非常に広く共有されてきたコンセンサスの真逆を行くものだと思うのです。

どういうことかといえば、僕は『永続敗戦論』（太田出版）の中で、あの戦争に負けた、焼け野原になったというところから、実は本当は何も学ばなかったのではないかということを言っているのですが、それでも唯一、日本人が確信したことがあるとすれば、戦争に強い、戦《いくさ》に強いということを、国民ないし民族的な誇りにすることはもうやめましょうということです。それだけはやめましょうということに関しては、革新側も保守の側も相当広くコンセンサスがあっただろうと思うのです。

いわゆる右翼という人たちがある時代までは、ほとんど日本では受け入れられなかった、単に、「あの人たちはちょっと変だよね」というふうにしか思われなかったのは、この人たちが、戦後のコンセンサスからずれたことを言っていたからですね。つまりもう一度、戦に強い国になろうじゃないかということを言っているから、話にならない、と相手にされなかったのです。

しかしいま起きていることは何かといえば、積極策への転換です。戦争をすることによって身を守るのだというのであれば、これは戦に弱かったらお話にならないわけです。再び戦に強い国にならなきゃいけないという要請が必然的に出てきており、これは戦後日本国民のコンセンサスを根底から覆さなければならないということです。つまりそういう意味では、安倍さんはたいへん大きなことをやろうとしているのです。

がしかし、です。何でそういうことをするのか、その目的は何だといったときに、その目的たるや自己保身でしかないということです。つまり安倍さんに代表される勢力というのは、世襲的に受け継がれてきた、つまり逆コース[※1]以来の権力ですね。それによってできた戦後レジームというものを何が何でも死守するということが目的。いわゆる対米隷属レジーム、これを何が何でも死守するということが目的ですから、何が何でも現状維持をするんだ、変わらないぞというのが本当の目的であるのです。ああ、なるほど、ジジェクのファシズム定義に、これは見事に当てはまる事例だなと私は思うわけです。

※1 逆コース……戦後日本における民主化、非軍事化に逆行するとされた政治、社会等での動き。

安倍首相が目指しているのは「強い国」ではなく「強がり国家」

鳩山　私も安倍さんは米国に対しては、極めて従属的に振る舞っておられるようにしか見えないのです。いくら勇ましいことを言っても、アメリカから何か指示されたら、すぐ、また変わる脆《もろ》さがある。どうして安倍さんの頭がこうなったのかを考えると、私には、どこかに劣等感というか、劣等意識みたいなものがおありになって、それのはけ口、その裏返しとして強い国家をつくりたい、それで立派な人間として認められたいといった意識がおありのように思えます。

しかし、彼の考える強い国家というのは本当の強さには私には見えなくて、強がりを言う国家にしか見えません。本当に強かったら、例えば過去の戦争に対しても直視する勇気というものを持てると思う。戦後七〇周年談話などでも、それが基本的には見えない。心からの反省とか、心からの謝罪という気持ちが伝わってこない。強いふりはしていても、どこかに過去の戦争に対して負い目があり、日本が行った行為で間違っていたものについては間違っていたというふうに、素直に言えない部分を心の中にお持ちになっている。
　それこそが強がりで、その強がりの中で国家を動かしたいと思うものだから、パイロットの制服のようなものを着て戦闘訓練機に乗ったり、アメリカの軍艦に乗船したりする。本当に強かったら、そんなことをする必要は全然ないと私は思うのですが、表にそういうものを見せたいというお気持ちがあるのでしょう。そのような方がこの国をいまリードしていて、積極的平和主義という言葉を使われている。まさに、その言葉に自分自身が惚れてしまっているのかもしれませんが、その中身は白井先生もおっしゃっているように「積極的戦争主義」と言ってもいいもので、ノルウェーの社会学者であるヨハン・ガルトゥングさんが言っている積極的平和主義とは、まるで違いますよね。

木村　真逆ですね。ガルトゥングさんが来日された際に、そのことを批判していました。

鳩山　私がお目にかかったときも、そのことをおっしゃっていました。私の積極的平和主義を、安倍さんが盗んだと怒っておられました。積極的平和というのは単に武力を使わないということだけではなく、なぜそういう争いごとが起きてしまうのかという根っこも対話や協調路線によって未然に防いでいくことですから、安倍さんの言う「積極的平和」とは全く意味が違う。安倍さんは結局、うわべだけの強がり国家・日本を再生したがっている。

これは本当に非常に危ない話で、たぶん将来的にアメリカから協力要請がきたとき、すぐに協力せざるを得ないような環境になり、必ず日本人が巻き込まれて、また戦争で命を失うシナリオは十分起こり得るのです。積極的平和主義で国民の命を守ると言っていたのに、結果として国民の命を守れない日本に変えてしまっている。本当に強い指導者で、この国を強い国にするという話だったら、まだあり得ることかもしれませんが、私はどちらにも与《くみ》しませんが、こういう中途半端な強がりで国家を自分なりに変えようとする発想は非常に危険なことだと思えます。

木村　安倍首相は自衛隊のリスクが高まることはないという答弁を続け、専守防衛はこれからも一貫して維持すると言ってはいますが、実際やっていることは真逆で、目指すところは戦争に強い国家、けんかに強い国家になろうとしている。しかし「アメリカに従属しながら」という矛盾がそこにはあります。「戦争に強い従属国家」というのは非常に矛盾していると思うのですが、いまの日本が向かおうとしているのは、結局そういう方向なのだと思います。

普通の国家になるということが、軍隊を普通に持って、海外で武力行使ができるようになることであるかのように言われますが、このような言い方をする際、「普通の国」の具体的な対象はアメリカなのです。しかし僕は、アメリカが世界に二〇〇近くある国、地域の中の普通の国家であるとは到底、思えません。

白井　極めて異常な国ですよね、例外的というか。

木村　憲法九条を持っている日本のような、戦争を戦後七〇年したことがない国と真逆ですよね。それを、毎年、戦争をしているような国と同じ価値観だというような言い方にはとても違和感があります。平和憲法などに根差した価値観をすべて捨てて、アメリカと同じような戦争中毒国家に、いまからあえてなろうとしている。私はそこに、一番恐ろしさを感じます。

安倍首相のコンプレックスと岸信介との共通点

木村　安倍首相は具体的に言えば最終的には憲法改正を狙い、安保理の常任理事国にもなろうとしているのでしょう。復古主義的、歴史修正主義的な面から言えば、靖国神社の国家護持という目標も最終的にはあるかもしれません。しかしそういった方向性と、彼の祖父であった岸信介氏との関連性をどのように見ておられるのか皆さんにお聞きしたい。

白井　安倍さんは間違いなく岸のことを非常に強く意識していて、自分が後継者であり、岸がついに果たせなかった憲法改正を自分は受け継いでいると思っているらしいのですが、これは明らかにおかしい。安倍さんは、岸がどういう政治思想の持ち主だったかということをまったくわかっていない。そうでなければ、あんなに単細胞に世の中を左翼と保守に切り分けて、左翼は全部間違っていて、保守である自分は正しいというような非常にデジタルで愚劣な政治観は出てくるはずがないと思います。岸はもっと優秀な人物であったことは間違いない。保守なのか革新なのか、そう簡単に分類できない政治家だったことは間違いありません。

ただし、他方で安倍さんが受け継いでいる部分というのもあります。

私は二〇一五年の新安保法制の問題が盛り上がる中で、それでは六〇年安保はどうだったのかということを、もう一度勉強し直そうと考え、当時の資料や分析を少し読んでみたのですが、やはり当時の国会答弁においても、いろいろな問題が今日につながる重要な論点として出てきていたわけです。なかでも一番大きかったのは、事前協議制です。

日本側の答弁によれば、例えば核兵器の持ち込みなどはあり得ない。なぜならば、それを持ち込むときにはしっかりと事前協議をするのだから、持ち込ませない、と言っているのですが、本当に事前協議をして、それで断ることができるのかと、当時の野党は突っ込んでいます。それに対し当時の与党は、まともな答弁ができないわけです。だから結局、その問題はいまに至るまで続いていて、日本に核持ち込みはあるのかどうなのか…。もうすでに沖縄では核持ち込みがあったということが暴露されていますが、本土だってやっているに違いないと推測するのが当然、合理的でしょう。

ただし外務省の公式見解としては、一度もそのような話を持ちかけられた事実はない、したがって持ち込まれていないという、誰も信じていない話が公式見解となっている。

こう見てくると、昔、このように答弁で破綻していたことというのは、現実においても、むちゃくちゃになってしまうということです。六〇年安保における岸内閣の国会答弁の破綻は、二〇一五年の新安保法制における安倍内閣の国会答弁の破綻として反復されています。

この部分は、似ています。やはり根本問題は何なのかというと、強い日本を取り戻すということを二人とも掲げながら、根本的にそれはアメリカによって許容される範囲内においてのことにすぎない。それでも、まだ岸政権がやったことに関しては、評価できる部分があるという見方もあります。確かに不平等条約であった旧安保を、相対的には平等なものにしたのは岸です。

ただ僕は、このあたりの評価は難しいと考えています。そう簡単にいいか悪いかと言えない問題だと思います。つまり対米従属という大前提を置いた中では、ほとんど変わらないが、それを不動の前提と置くならば、それは正しかったという話になるのでしょう。

一方、安倍さんも強い日本というものを取り戻そうとしているのですが、それによって日本の自立性が増すことはなく、むしろアメリカに「お前、やってこい」と言われて「はい、やってきます」と従うことが前提であり、これはますます自立性を失うことでしかありません。結局、対米従属、対米隷属を前提としたミニチュア軍国主義という、本当に極めてしょぼいものでしかなく、まったく評価する余地がないですよね。

いま、そういう非常に愚かな形で、岸さんの政治が反復されているというのが現状だと思いますが、そこでぜひ、鳩山さんにお聞きしたいことが一点あります。さきほどの安倍さんのある種の強面《こわもて》の部分というのは、結局、強がりであって、その背後にはコンプレックスもあるのだろうということをおっしゃっていましたが、私も同感です。

非常にこれは困ったことではありますが、安倍さんがたぶんご自身の家系の中で、自分の能力に対するコンプレックスのような思いを抱いていて、だからこそ自分はこれだけ大きな仕事をしなければならないのだという強い思いに駆り立てられているのではないだろうかというふうにも考えられるのです。もしそうだとすれば、それは安倍さんの家の問題ですよ。安倍家とか、岸家の問題で、国民を巻き込むのはやめてくれという話なんですよね（笑）。

ところが長年、いわゆるパワーエリートの家系の中で国家権力がたらい回しにされていった結果、権力が私物化されているので、そういった家庭内での問題というのが、そのまま国家の問題になってしまうという状況が生じている。

家系という面から考えた場合、それこそ祖父である鳩山一郎さんは岸さんと世代的には近く、戦後レジームの基礎の部分をつくった人で、その三代目ということから、鳩山さんの置かれた環境、時代状況は安倍さんのそれと非常に共通する点があると思います。それにもかかわらず、かくもこれだけ政治理念が分かれているという状況が、非常に僕にとっては興味深く思われるところなのですが、そこはどういうところに原因があるとお考えですか。

鳩山　私も鳩山の家の中では劣等意識を持った人間の一人ですよ。ただ、その劣等感はむしろ政治家になんかなりたくないという形で表されていたと思います。当時の時代状況にもよりますが、政治家になるよりもむしろ私は工学者として日本の発展に何らかの貢献ができないかという思いのほうが強く、実際、その道を当初は選びました。

鳩山一郎という人間には、当然、子どものころから触れてはいましたが、だからといって私も政治家になりたいとは少しも思いませんでした。弟は幼稚園のときから、将来、総理大臣になるんだということは言っていましたが。たしか八年ぐらい私より先に、政治家になったと思います。

しかし私は、政治家になんかまるでなりたくもなかったし、いまでも人前で話をすることがそれほど得意ではありませんから、大演説をたくさんの聴衆の前でぶつみたいなことはとてもやれないし、やりたくないと思っていました。弟が「大パパの跡は私が継ぐ」と言ってくれたから助かったと、ずっと思っていたくらいです。

私はアメリカ留学をしてから政治家になろうという気持ちになっていったのですが、そのときも鳩山一郎の跡を継ぐというよりも、鳩山一郎が提唱していた友愛という理念こそ、もう一度、政治の土俵に上がらせないといけないという思いからでした。たまたま鳩山一郎が推奨した理念であって、他の人が友愛と言っていたとしても、私の思いは変わらないものだったと思います。

ですから岸家、安倍家がどうかはわかりませんが、少なくとも安倍さんが、どうしてあそこまで、おじいちゃんの跡を継ぐ、あるいは、おじいちゃんの例えば戦争責任の話を自分なりに解決してやるというような意識になるのか私にはわからない。そこのところは極めて紐帯《ちゅうたい》が強いのかもしれませんが、だとすれば安倍晋太郎さんといういい意味でリベラルな感性をお持ちのお父さんがおられたので、むしろ安倍晋太郎さんに啓発されていろいろと理念的なものを学ばれておられたら、もっと違っていたと思うのですが、ほとんどお父さんの話はされていないですよね。

白井　まったくと言っていいほどしないですね、あんなにお顔も似ているのに。

鳩山　そこが私もわからないのですが、とにかく総理大臣を経験したから岸信介と、その人の正統性を自分も継いで、さらにじいちゃん以上の人間になりたいという思いを持ったのでしょう。だとすると、安倍さんが何を目指しているのかといえば、ポストへの固執に行きつくのかもしれない。

木村　本気で東京オリンピック開催（二〇二〇年）までの、最長不倒を狙っているのかもしれない。

鳩山　自民党の政治家、かつての民主党の政治家も最近、そうなっているのですが、結局は自分が国民のために何をやりたいのかというより、自分がこのポストをやりたいということが自己目的になっている。総理になりたいという発想を強く持ち過ぎると、結果として政治を私物化してしまう危険性があるわけです。

私などは、まず政治家にもなりたくなかったし、政治家になったときも最初は竹下派に入って、「こんな世界なのか！」と驚いたくらいで、総理大臣になるとは、直前まで考えてもいませんでした。それが何かの歯車で、本来ならば小沢さんがなるはずのところが、私にその役目がまわってきた。

もともと私は、政治家が自分のポストに執着するいわゆる大臣病みたいなものが、この国をおかしくしているのではないかと考え、当選二回のときに自民党を飛び出しました。政治改革をやろうとして、結局そのときは小選挙区制という話だけに終わってしまったのですが、本来ならばもっと大きな改革をやるつもりでいたわけです。

ポスト志向で政治を私物化する政治家と、あるいはそうでなく、純粋に国民の側に立って、国民主権をどうやってさらに強めていくかという方向で真面目にがんばっている政治家もいます。一応、そういった真面目にがんばっている政治家は野党のほうに多いのかもしれませんが、野党も野党に安住し過ぎていると、野党の中での小さなポスト争いになってしまって、どちらも私物化されていくような情けない状況に陥ってしまっています。野党がいったん与党を経験すると、さらにポスト志向が強まっているように思います。

現在の政治の退廃ぶりが、国民をSEALDsのような活動に駆り立てているのでしょうが、その退廃の原因がまさに、ポストへの執着からくる政治の私物化によるものだと私は考えています。

木村　いまの安倍晋三首相と岸信介元首相は、白井さんも言われたように共通点はあると思います。出来の良しあしはもちろんありますが、やはり対米従属を基本としているというところが共通点と言えます。鳩山友紀夫先生の場合は鳩山一郎元首相との関係で言えば、友愛のことも言われましたけど、やはり対米自立志向という意味で共通している。鳩山一郎は日ソの国交回復をされた政治家であり、対米自立志向という意味では突出した方だと思います。

また別の視点、戦後民主主義との関連でいえば、安倍首相は戦後民主主義への呪縛というか、復讐というか、怨念のようなものを持っている。いわゆる自虐史観、東京裁判史観と呼ばれるものに対する嫌悪感が、彼の言う戦後レジームからの脱却にも表れているのでしょう。

戦後保守勢力は、いつから「強い日本」を表出するようになったか

白井　安倍さんはたぶん、祖父である岸さんの汚名をそそぎたいという気持ちが強い。祖父がA級戦犯に指名されたこと自体がすでにおかしいことで、それは勝者の一方的な裁きでしかなく、そのような勝者の裁きによる歴史観を、戦後の日本国民の多くが内面化するようになってしまったからこの国はおかしくなってしまったんだ、というのが安倍さんの世界観であるわけです。その点でも鳩山さんが置かれた境遇というのは似た点はあって、鳩山一郎氏も公職追放を食らっているわけですよね。

戦後の保守勢力において、それこそ安倍さん的な情念というものは、一部の勢力においては確かにずっと昔からあった。しかし、それは一定限度の広がりは持たず、いわゆる自民党の中の極右、ちょっと右過ぎてメジャーになれないという形でしかなく、力を持たなかったということなのでしょう。

しかしここのところ、それがもろに表に出てくるようになってきた。その点を鳩山先生

にお聞きしたいのですが、かつて自民党に在籍していた当時、いま話題にしている安倍さん的情念みたいなものというのはすでに存在したのでしょうか、いつごろから大きな力を持つようになっていったのでしょうか。

鳩山　自民党の中に、根っことしては昔からあったのだろうと思います。ただそれを、どこまで表に出せるかということに対して、ここまであからさまに情念を表出するような発想はなかった。昔はだいぶ慎重であったと思います。派閥で申し上げると、角福戦争と言われましたが、福田派が安倍さん的情念を受け継いできたのではないでしょうか。田中派はどちらかと言うとリベラルで、その田中派の流れが自民党の中で弱くなり、現在は安倍さん的情念を党内で抑える力がなくなったように思います。

木村　戦前回帰的なものが出てきたのは九〇年代半ば以降ですよね。

鳩山　そう考えると、私が政治家になったのが八六年ですから、日本が経済成長をし、バブルになってそれが崩壊し、経済一辺倒で来た日本がこれから自信を失っていくようなときです。このような時期から、「強い日本」を表に出すような人が、もてはやされる風潮が出てきたのかもしれません。

いままで遠慮していた人たちが、いわゆる東京裁判史観の否定をしたり、靖国参拝を平然と行いだした。私も靖国参拝は一度、行ったことがあります。当時は、それほど大きな話題にもなりませんでしたが。私も一私人として靖国参拝を咎《とが》めるつもりは、まるでないのです。

ただ申し上げたいのは、中国がＡ級戦犯とそうでない一般の日本国民というものを分けて、日本の多くの国民も先の大戦ではＡ級戦犯たちの被害者であるという論理を持ち出してくれて、それで日中国交正常化をなし得たのに、その後、Ａ級戦犯を合祀し、そこに首相が公人として参拝することには問題があるでしょう。

木村　昭和天皇もＡ級戦犯が合祀されてから一度も行かれていませんよね。

鳩山　そうです。これは国内問題ですよ。天皇陛下が安んじて、お参りできるような場所を本来つくらないといけない。私はそういう意味で、Ａ級戦犯を分祀するか、どの宗教にもよらない無宗教の国立の追悼施設をつくるべきだということで動いたことがありました。しかし、そういった運動も、先ほどから申し上げている右傾化の流れのなかで、極めてマイノリティな動きにとらえられるようになってしまいました。

木村　もう一つ私がお聞きしたいのが、安倍さんが戦後レジームからの脱却と言うときに、アメリカの問題を除いて限定的に言っているように思えるのですが。

鳩山　そうです。対米従属というのが、戦後レジームですからね。安倍さんのやっていることには、対米従属から本当に脱却したいという意図はまるで見えません。むしろ対米従属を利用しながら、自分のポジションはきちっと守りたいという発想だと私は思います。

先ほど祖父の公職追放の話が出ましたが、追放は昭和二一年ですから、私が生まれたときにはすでに追放されていた時期です。首相になろうとする直前にパージを受けて、それで吉田首相が誕生します。

パージが解けたのが二六年なのですが、その当時、鳩山一郎は主に軽井沢にこもって畑仕事をしたり、クーデンホーフ・カレルギーの『自由と人生』という本を翻訳したりしていて、アメリカ憎しというよりもむしろ、そういう恨みみたいなものをあまり表に出さなかったのです。私自身も、パージに対する恨みのようなことを、祖父から聞いた覚えは一度もありません。

『鳩山一郎日記』を読んでみても、そういった表現はあまり出てこない。そこは彼のすごいところだと思います。ちょうどパージを受けた五、六日後に党大会で、私が追放というう処分を受けたことで、みなさんがいきり立つ気持ちはわかるが、こういうときこそ友愛精神が大事なのだ。しっかりと議論するのはけっこうだが、常に冷静な目を持ってこの国の民主主義を支えてほしい、といったような演説をしているくらいです。

木村　パージされた一因は一九四五年の九月に原爆投下批判を、唯一、戦後日本の有力な政治家として行ったということがあったと思います。朝日新聞に当時掲載されたあの文章は、本当にすごいものです。

鳩山　私も読んだことがあります。原爆が投下されて、一ヵ月後のことですね。

木村　あの発言がきっかけで、占領軍の検閲が入るようになった。

鳩山　そう言われています。朝日新聞も二日間、発禁になっています。あの当時、あそこまできちっと原爆に対する非を唱えたというのは勇気ある行動で、私は評価したいと思っています。正確には、朝日の若宮小太郎氏が一郎名で書いたのですが。

だからといってアメリカが憎いから対米自立であると、鳩山一郎がどこまで志向していたかはわかりません。吉田茂さんのあと首相を引き継ぐわけですから、自分がやるべき仕事はむしろソ連や中国との間の和解だという発想だったのでしょう。その時代の流れとして、ソ連に赴いたということであったと思います。

木村　あの時期、冷戦の真っただ中で、よく日ソ国交回復ができたと思います。ものすごい圧力、反対があったのでしょう。

鳩山　特にアメリカの圧力が相当あったようです。それで日ソ国交回復はできましたが、北方領土問題は解決できませんでした。でも独立主権国家に一応、形式上、なっているわけですから、本気でやったら誰も止められないですよね。じいさんの場合は命を懸けて行きましたから。自分の最後の仕事だと思って行ったのだと思います。そのあとすぐに辞めましたから。それくらい命を懸ける行動ができたというのは、祖父は幸せだったと思います。

白井　私もあの時代の証言などを読んでみましたが、意外に国内でも当時、日ソの国交回復交渉を本気でつぶそうという動きはあまりなかったようですね。それは鳩山一郎さんの体調の問題もあったと思います。これを最後の仕事として勇退するつもりでいるのだから、最後の花道をちゃんと飾らせてあげようという雰囲気があって、それにも助けられた面があるのだと思います。

鳩山　あと祖父には、シベリア抑留の人たちを早く安全に戻したいという思いがあって、その部分も大きかった。

白井　私もある本で、鳩山一郎さんがソ連と国交回復することになるということを昭和天皇のところに報告に行くというくだりを読んだことがありますが、当時、そう報告を受けた昭和天皇が、そんなに急いであのような共産国と仲よくしなくてもいいのではないか、という主旨のことを述べたというのです。

当時、シベリアで抑留されている国民が多数いるわけですから、このお言葉には困惑してしまい、鳩山一郎さんは側近に相談するのですが、その側近は、もう戦前ではありません、憲法も変わったのだから、あなたが思うとおりにやるべきだ、と言われたということです。

鳩山　新憲法になっても昭和天皇から御意見を賜ると、総理としては気になるでしょう。私もその経験はあります。祖父は、むしろ俺は反共だ。共産党は大嫌いなんだ。共産党が大嫌いな俺が行くのだから安心してくれという言い方で説得していたみたいです。別に共産党やソ連が好きなのではなく、やらなければならない仕事だから行くのだと、周囲に話していたようです。だから天皇陛下にもそのように申し上げたのかもしれません。

戦後、フルモデルチェンジされた国体

鳩山　私が皆さんにお聞きしたいのは、いま、一番安倍さんに抵抗しておられるのは天皇陛下じゃないかと考えているのですが、どうご覧になられていますか。

天皇陛下あるいは皇后陛下もそうですが、先日のお誕生日のときにも三分の一ぐらいは陛下は戦争の話をされています。八月一五日の戦没者追悼式のときにも初めて戦争に対する深い反省の意を述べられていたということで、どうも世の中の空気が戦争の方向に流れていくのを何としてでも天皇陛下は止めたいと思っておられるのではないか。ただ、あまり政治的な発言はやりにくいから抑えておられるのだろうと思いますが、いまの政治状況を一番心配しておられるのが陛下ご自身ではないかと私は思っています。

この点はむしろ、安倍さんに伺いたいくらいですが、本来であれば、右寄りの方と言えば天皇陛下の思いというものを大事にし、心の中に一番重視しながら、言葉を選んで話をされるべきだと思いますが、安倍政権は天皇陛下がいまの政治を心配しているということの

現実をなぜ無視して平気でいられるのでしょうか。

　靖国の問題にしても、A級戦犯が合祀されて以来、天皇陛下は一切、参拝されていません。この問題の解決もしなければならないことと思います。白井先生は、そのあたりはどのようにお考えですか。


白井　これは私の持論ですが、国体というものは戦後、護持されたのでしょうか。敗戦時に、国体護持ということが大問題になりました。護持されたのか否か、戦後の国会の中でも論争になりました。吉田茂首相が問われて「国体は不変なり」と回答もしている。

　しかし、これは国際的に見れば非常に問題ありの発言で、国体という言葉が、いわば国の基本的なあり方ということを示しているのだとすれば、これをドイツに置き換えれば第二次大戦のあともナチス第三帝国はそのまま残っております、無傷ですと言っているに等しいことになるので、そんなことはあってはならないと言われざるを得ないことです。当然、ドイツでも日本でも、戦後、再出発するにあたって、あのときのわれわれの国とは違った国になりましたということを国際的に約束して、日本であればサンフランシスコ条約によって国際社会に復帰しているわけです。

　そういう意味では「国体不変なり」というのは、あり得ない話であって、明らかに国体は変わっているわけです。しかし、何か国体的なものは残っているということも間違いないわけで、それではいったい何が起きたのか。

私はフルモデルチェンジ説ということを唱えているのですが、ある種、フルモデルチェンジをして国体は生き残ったと考えています。戦後の国体とは何なのかといえば、いわば日本の上にワシントンが乗っかっているというのがそのあり方だと言えます。つまり、戦前、天皇制というふうにいわれましたが、戦後天皇制というのは頂点にアメリカがあるということだと思います。

これにより、日本の対米従属の異様さも説明がつきます。日本の対米従属の何が変かというと、非常にウェットな言葉によって語られるというところにその特徴があります。「思いやり予算」とか「トモダチ作戦」とか非常に情緒的な言葉で語られる。結局、それは何のためにそういう言葉を使うのかといえば、それは「アメリカは日本のことを愛してくれているはずである」という妄想を維持するためなのです。

本来、国と国との関係というのは利害を基礎とする話であって、子分からすれば、あいつは親分だということにしておくと都合がいい。親分からすると、こいつが子分ということにしておくと都合がいいという関係です。当然、これは状況が変われば親分、子分関係も変わってくるわけですが、日米関係というのは変わらないわけです。それはなぜかというと愛情に基づいているからだという、これは日本の片想いなんですが、国際関係では本来あり得ない、そういった情緒をもとにしていることになっているからです。

つまり、これは再編された天皇制です。天皇陛下が一人ひとりの国民を愛してくれているのだという物語の上に、大日本帝国は成り立っていた。赤子《せきし》たる臣民を愛している、一視同仁でもって愛しているのだというフィクションの上に成り立っていたわけですけど、戦後はそれが、アメリカは日本国民を愛してくれているというフィクションへと再編されたというふうに考えられるのです。

となると、安倍さんに代表される、いわゆる親米保守勢力がなぜ、こんなに不敬なのか、なぜ、彼らに勤皇精神が足りないのかということは、非常にわかりやすいことですね。彼らにとって本当の天皇は誰かといえば、それはアメリカである。彼らにとっての三種の神器はワシントンにある。彼らは勤皇の心というものはないですが、勤米の心はあるわけですね。

木村　白井さんのいまの説明は説得的だと思いますが、僕は例えば政治学者の豊下楢彦先生などが戦後の国体は安保だという言い方もされていて、安保に守られた天皇制といえると思います。それをフルモデルチェンジというか、部分的チェンジというかは微妙なところだと思いますけど、そういう形で続いてきていると思うのです。

だから本当にいま、安倍政権の暴走を防ぐ大きな存在として浮上しているのが、オバマ大統領も含むアメリカのリベラルな勢力。あるいは内閣法制局や創価学会などの存在も指摘されています。そして一番、暴走を止める力があるのが天皇だという声が護憲反戦平和勢力の中からも出ています。それはあまりにも他力本願であり、天皇の政治利用であるという批判もありますが、僕はそれがいまの安倍政権を止める一番大きな力であるならば、天皇の真意を一般国民にわかってもらうということはいま一番重要なことではないかなと考えています。

これは川内博史先生なども言われていますが、次の選挙で例えば、本当に天皇を崇拝する一般民衆の中から、安倍さんの政治が天皇の意向に反しているではないか、といったような主張が出てくるようであれば、これは大きな流れとなって、現政権もひっくり返るのではないかとも考えられるのです。

鳩山　政治利用するかどうかということよりも、国民の中にはやはり天皇陛下に対する尊敬の念というものがあるわけですから、それを大事にしていいと私は思っています。確かに、さきほどの白井先生の話は非常にわかりやすくて、天皇に代わって今度はアメリカになったというのは、まさにそのとおりだと思うのですが、だからといって天皇を疎外していいかといったら、疎外するよりも天皇もまた近くにというか、協力的な対応をすることのほうが国民は安心するのだろうと思います。そこがいま、まるでなく、天皇のご心配は無視されているし、そのことに対してメディアもほとんど報じないですね。

木村　まさにそうですね。メディアの対応が一番ひどいです。天皇や皇太子の発言など、場合によっては大事な部分をカットして伝えたりもします。ＮＨＫなどは、特にひどいです。

天皇皇后両陛下の最近のメッセージが意味するもの

白井　やはり坂口安吾が『堕落論』の中で言っていることが、いま非常に身に染みるわけです。この国の人間というのは天皇を本当は尊敬なんか全然していないのに尊敬するふりをして、かつ、そうやって、ある種、利用しているのだというふうに冷静に割り切っていれば、まだしもマシなのですが、自分は本当に尊敬しているのだと思い込んでいるところがある。何たる自己欺瞞の深さよということを坂口安吾は書いていましたが、私はまったく日本人のメンタリティは、そういう部分では変わっていないと思っています。

ここ最近の天皇皇后両陛下が出しているメッセージというのは、ほとんど僕は不穏であると思っています。例えば山本太郎さんがいわゆる直訴事件を起こしましたが、あのあとに両陛下が何をやったかというと、栃木県に私的旅行に出かけてらっしゃった。僕はニュースで、たまたまそれを知ったのですが、私的旅行で栃木県。何だろうと思って調べてみたら、足利市にある歴史資料館に行って、田中正造の直訴状を見ているのです。それを見るために出かけて行って、常設展示されているものではなく、わざわざ出してもらって見たらしいのですが、これはすごいことです。

田中正造の直訴事件といいますが、正確には直訴未遂で取り押さえられて手紙は天皇に届いていないのです。ですから、両陛下は、田中正造が届けようとして届けられなかった手紙を一〇〇年ぐらいの時間を隔てて、わざわざ受け取りに行ったということなのです。そのメッセージ性は、実はすごいことです。そのあと渡良瀬遊水地などの見学、視察もしたというわけですから、明らかにこれは原発問題に対するメッセージだと思います。要するに原発をこれ以上やるなどということは、いわば日本の民族の未来や日本の国土に対する裏切りである。そのようなことをしてはいけないということを言っていると僕は思います。

さらに言えば、田中正造の直訴状を書いたのは幸徳秋水ですよ。幸徳秋水は大逆の男であって、明治レジームが不倶戴天の敵として抹殺した相手です。つまりこれは、ほとんど近代日本の体制を根本的に変革せよというメッセージだというふうに、本来、勤皇家であれば受け取るべきなのです。

鳩山　戦後レジームの脱却をおっしゃっているのは天皇陛下であるということですね。

白井　戦後レジームどころではないです。明治以来の近代日本レジームなのです。しかも、これは私的旅行ですから、近代の皇室に関する法律、皇室典範なんかによって規制されている行動とは切り離されたところでやっているのです。近代法の外側でやっている行為なわけです。

木村　皇室のルーツは朝鮮半島にあるという発言も、ある時期、されましたよね、百済との関係で。あるいは毎年恒例の天皇を囲む席でかつて、棋士の米長さんが日の丸、君が代の話に言及された際に、強制はよくないですよと釘を刺すこともありました。所々で日本国憲法をしっかり守っていこうというメッセージを発していますよね。ただ、それを戦後レジームを死守している人たちが聞く耳を持たない。メディアも天皇の発言を伝えない。

鳩山　総理のときには、ご進講というほどではありませんが、だいたい一時間くらいずつ、陛下と二人だけで対話をさせていただく機会が何度かあるのですが、内容は言えないのですが、相当、政治的なことまでお聞きになっていらっしゃいます。こういう解決を、例えば北方領土問題などに関しては、自分はこう思いますという発言をされています。ただ、それを公にすることはできませんが、この国のことをいま、相当、心配されているということと、政治に対してのご自身の強い意思を私は感じました。

アメリカが日本を愛してくれているという妄想

鳩山　さきほどの白井先生のお話で、アメリカに対して「思いやり予算」とか「トモダチ作戦」という情緒的な言葉を使うことで、「アメリカは日本のことを愛してくれている」という妄想が維持され、また日本人もその妄想を心底信じてしまっているという指摘がありました。

私はその一番の極めつきが、安保だと思うのです。安保はアメリカが、いざというときに日本を助けてくれるためにあるのだというふうに思われています。実際我々も、そのように習ってきているように思います。しかし、本当はその出自からしてそうではないですよね。むしろ、「びんのふた」という理解が正しい。本来、日本を放っておくとこれから何をするかわからないという危機感があり、日本が暴発しないように周りの国で見守っていくという発想から安保はつくられました。それが日本の中では、アメリカが日本を守ってくれる、ありがとうといったまるで別の解釈になっているのが安保条約です。

今回の尖閣の議論のときにも、米側が尖閣に関して安保の対象の中に入っていると言ったというようなことをメディアが一斉に伝えましたが、本当にオバマが言いたいことは、早く習近平と仲よくやりなさいということで、そのことを盛んに安倍さんに説得をしたというのが事実ですが、そういったことはほとんど報道されない。

木村 そこは沖縄国際大学の前泊博盛先生がよく言われるのですが、米軍駐留の目的は三つあり、一つは表向きは日本防衛のためであるということ。もう一つは、アメリカの世界戦略、東アジア戦略のための前方展開基地として。

そしてもう一つがやはり「びんのふた論」です。これは中国にニクソン、キッシンジャーが行ったときのアメリカ国内へ向けた説明でも一番使われましたが、日本軍国主義の復活防止とコントロール、支配を継続するためという理由です。そこは一貫して隠されている部分であり、さきほどの事前協議制にしても結局、発議権も拒否権も日本側はないのに、あたかも対等であるかのような報道がなされ、尖閣防衛も含めて南西諸島防衛は直接的には自衛隊、日本がやるという話になっているのに、いつの間にかアメリカも守って戦ってくれるかのような話がまかり通っていて、安保の実態は隠されています。

六〇年安保の改定についても日本の防衛義務が課されて、少し対等になったと見る向きもありますが、でも、実はそうではない。NATOの条約では加盟国の一国が攻撃を受けたら、直ちに米軍も含めて軍事的な反撃をすると明記されているのに日米安保の場合はしかるべき議会の承認、手続きを経た上でという条件付きになっています。日本が本当に攻撃されたときでさえ、自動的にアメリカが反撃してくれるという保障は一〇〇％ではない。

尖閣については、アメリカは日本の施政権を認めながらも領有権については中立な姿勢を一貫してとっています。台湾との関係で、そのような立場をとっているという解釈もありますが、私はやはり日本と周辺諸国、ロシア、韓国、中国との間に三つの領土問題、北方領土、竹島、尖閣を残したのは、分割支配的な狙いもあって残したと考えられるので、尖閣問題はそのような性格がむしろ強いと思っています。

白井　北方領土問題におけるダレスの恫喝などというのは典型的だと思いますが、アメリカが意図的に火種をばらまいておいたというのが事実の一面ではあるでしょう。しかし結局、それに引っかかったほうが間が抜けているということなのです。いずれの問題も、解決する、あるいは解決をしないことによって事実上、暫定的な解決とするというようなチャンスはいくらでもあったのに、それを自らつぶしてきたというのが実情だと思います。

新安保法でこれから高まる具体的リスクとは

木村　具体的な軍事安全保障のリスクの問題についてですが、安保法制が変えられ施行されたあと、具体的にどのようなリスクが考えられるとみなさんはご覧になっていますか。

白井　これは国際情勢の流動があるのでなかなか読めないところがありますが、一番ありそうなストーリーは、私は中東に自衛隊が行かされるということだと思っています。

木村　シリア、イスラム国ですか。

白井　そうですね。要するにアメリカがIS退治の作戦というのを本格化させる。それを手伝えという形ですね。これに関して、ジブチの自衛隊の部隊というのは行って何をやっているのか、どんな訓練をしているのか、いろんな話が出てきているわけですよね。

木村　海外唯一の自衛隊の基地ですね。

白井　砂漠の中でかなり実戦的な作戦の訓練をしているという話もあって、それがいったいどれくらいの規模でやっているのかもわかりませんが、それを中東に動員することはあり得るのではないでしょうか。まさかいきなり最前線へというわけにもいかないでしょうから、最初は後方支援でというような形で、アメリカの中東政策に巻き込まれていく可能性があると見ています。

他方で私には、日本のイスラエルへの接近が非常に危うく見えます。長年、パレスチナ問題をめぐっては、どちらかというとアラブ寄りという姿勢を日本はとってきたのに、ここに来て急速なターンをしようとしている恐ろしさがあります。それらを考えるとやはり、中東での戦争というものに前のめりに行きつつあると考えられます。シリアの情勢というのはぐちゃぐちゃで、本来、あんなわけのわからないところに日本はコミットなんてできやしないはずなのです。日本にとって死活的な問題があるわけでもありません。今後、ロシアがシリアに本格介入していくことで、いったいどういう結果をもたらしてくるのかということが、最大の懸念要因というか現実的な要因だろうと考えています。

鳩山　私も中東が、日本の自衛隊の最初の活動の地になるのだろうと思っています。

もともと安保法制の議論をやっているときに、まずはイランを相手にしてホルムズ海峡が封鎖された場合みたいな当時からあり得ない話をでっち上げて、その危険性を国民に喧伝していましたが、実際にはそのころイランの核協議は最終盤で、状況は私も聞いていましたので、そのようなことはあり得ないことだとわかっていました。結局、安保法制の議論の最後の段階に来たら、あまりにもこの想定がウソだとわかってしまったので、ホルムズ海峡の話は取り下げました。

白井　またもや答弁破綻してしまった。

鳩山　そうです。破綻して今度は、中国脅威論といった話をつくり上げてきた。中国脅威論は確かに、南沙諸島に関しては脅威がまるでないとは申し上げませんが、私は米中は習近平・オバマ会談をやっていますし、海軍の共同訓練なども行っていますので、挑発的なことはあったとしても一線を越えるようなことはしないと思っています。しかしその脅威をあおることで、安保法制をつくっていったということ、ウソで塗り固め、ありもしないものを極めてあり得べきことだといって法律をつくっていったこと自体がたいへん大きな間違いだと思っています。

現実にどこが危険かという話になると、イスラム国との間では、もうすでにバングラデシュで日本人が殺されました。その前にも二人、亡くなっていますが、そのように日本がもうすでに敵国扱いをされていますから、日本の国内において爆弾テロの可能性も、なくはないと思っています。以前、警視正から議員になられた亀井静香先生に「日本はやはり島国ですから水際で、こういうイスラムの過激派の人たちを食い止めることができるでしょうね」と言ったら、確か、二〇〇%とか、四〇〇%あり得ませんとか言われましたよ。

白井 守り得ないと。

鳩山 守ることはできない。だから水際で止めることはまったく不可能だとおっしゃった。だからイスラム国の連中がその意図を持ってしまっていれば、いつ何時、日本国民が無差別に殺されてもおかしくない危険性が、もう出ていると思います。それくらいの状況に実はなっているということを、われわれは勘づかないといけないし、ではどう身を守ればいいのかという点は非常に難しい話ではありますが、少なくともそういう事態に至ってしまった現在の状況をこのまま放置するのか、それとも非常に危ないから、この安保法制をもう一度、政権を代えてでも葬り去る必要があるのではないか、といった議論にまで本当はしていかなくていけないときだと考えています。

現実として、中東に日本の自衛隊が後方支援だと思いますが、行く可能性が出てきた。そしてまた、後方支援のほうが狙われて殺される確率も高いのです。そのような事態になることを、私は非常に心配しています。それができる環境をつくってしまったし、アメリカから、どうしてもと言われたとき、あるいは言われなくても進んでわかりました、派遣しましょうといまの安倍政権だったら、自衛隊の海外派兵をやりかねません。それでも自衛隊の安全が高まっているといったようなことを言っていますが、どう考えてもおかしい。危険だということを国民に言わなければならないのに、むしろ自衛隊がより危険になることはあり得ないとおっしゃっています。私がもし答弁でそのようなことを言ったら連日、たたかれ続けると思いますが、安倍さんはそこもメディアのおかげで乗り切ってしまわれている。私はメディアと官邸があまりにも近づき過ぎていることが、この国の将来を非常に暗くしていると心配でなりませんね。

木村　僕も国内テロの可能性は、鳥越俊太郎さんなども早くから言われていますが、原発へのテロも含めて高まってきていると思います。

対外的な問題でいえば、いま、イスラム国の問題が出ましたが、僕はイスラム国をアメリカは本気でたたく気が実はないというふうに一貫して見ていて、ロシアが出てきて本気でたたき出して、もう壊滅的な打撃もイスラム国が受け始めているということで、さらに遠のいたという印象です。僕はやはりいま起こっていることは、ロシアとシリアに対する本来であればイランも含めた新しい冷戦が仕掛けられていると思っています。ウクライナ、クリミア問題もその一環であったと。

自衛隊で言えばジブチの問題も出ていますが、やはり南スーダンに派遣されているPKOの日本の自衛隊の問題は、すでに武器使用の緩和とか、駆けつけ警護、治安維持も含めて、新しい任務にされているので、二〇一六年二月以降、早い段階で犠牲者が出たり、殺したりということが起こるのではないかと思っていました。しかしその後、秋以降からそれらは実施すると先延ばしが発表されました。これも七月の選挙を考えてのことと思います。

僕は尖閣問題で日本と中国が部分的に海上で衝突する可能性は、まったくないとは言えないと考えています。ただ日本側からいま以上の対応をすることがなければ、その可能性も低いと思っています。その一方で、南沙諸島問題が浮上して、フィリピンやベトナムが中国と対立しているところに日本が進んで割って入ってフィリピン、ベトナム側に立って、焚きつけて連動してやるという可能性が実は一番あり得るのではないかと見ていました。

でも最近の尖閣諸島をめぐってアメリカがイージス艦を派遣して、一二カイリは認めないということを実力的にやりだしたことによって新たな緊張が生まれています。これは米中間で話し合いができた上でのパフォーマンスだという見方もありますが、ある意味、中国との部分的な衝突を辞さない方向の決断をアメリカ側がした証明ではないかという見方もされています。

さらにより大きな視野で考えれば、大きな戦争が起こるとしたら、中東ではシリアというよりはイランに対してだと思いますし、アジアでは朝鮮半島であると思います。

尖閣と南沙諸島問題の本当の危険性

白井　南沙諸島の問題ですが、この件では中国は引かないでしょう。中国通の人に言わせると尖閣諸島問題と南沙諸島問題では、中国にとってまったく位置づけが違う話であって、尖閣諸島なんて中国政府にとって、どうでもいいと言います。しかし南沙諸島は違う。結局、あそこは海上の要路であり、そこを自国の影響下に置くかどうかということは、いわば中国の海洋進出にとって極めて決定的な案件であるので、あそこで引くということはあり得ないと言います。ということは逆に言えば、それは何かしらの紛争にまで至ることになる可能性もあるということですね。

結局のところ、これは米中のヘゲモニー争いの問題なのです。南沙諸島なんて、あんなに中国から離れているところがなぜ領土なのだとアメリカは批判しますが、中国に言わせれば、アメリカは世界中に基地を持っているじゃないかということで、これはどちらもエゴイズムですから、ある意味、ぶつかるしかないというところが実はあります。

アメリカの大統領選挙の行方にもよるわけですが、場合によっては、きな臭い感じがしてくるなということだと思います。わが国としては、できるだけ火の粉を浴びないように、とばっちりを食わないようにするというのが基本方針だと思います。どうしのぐかということだと思いますが、そういう事情を考えても、いまの政権、政治では非常に怖いということです。

木村　いま、自衛隊の対艦ミサイル基地を奄美の二ヵ所、それから沖縄本島と宮古島と石垣島につくろうとしています。南西諸島防衛、島しょ防衛については自衛隊、日本の役割とされていて、ものすごく増強されています。

鳩山　私が総理を辞めるきっかけにもなった発言が「抑止力」という言葉ですが、本当に武力による抑止力で、戦争を止められるのか私には疑問です。核抑止力も同様ですが、一方の国が防衛力、軍事力を強化して、それが抑止力であるという立場をとれば、実際は相手の国も当然、それに合わせて抑止力を高めるという意味で軍事力を強化していくことになります。

軍事力と軍事力の競争になってくれば、いつ、石ころが飛んできたという些細なことで戦争にならないともかぎらない。むしろ軍事力では決して真の意味での抑止力というものにはならないと考えていて、つまり、真の抑止力は対話と協力の仕組みを、どうやってつくり上げていくかということだと思っています。先日、ベトナムのグエン・フー・チョン共産党書記長が来られて私もその話を聞きに行ったのですが、そこで南沙諸島の問題について、とにかくどんなことがあっても武力で解決しようとしてはいけない、対話を行うことで解決するしかないのだということを盛んに強調しておられました。私はもともと中国とＡＳＥＡＮ当事国同士がきちんと対話で解決をする道を早くつくり上げていく必要があると思っていて、そこに日本が入る必要もないのです。南沙諸島の問題で、アメリカに協力して日本は自衛隊の派遣を考えておく必要などないのです。ＡＳＥＡＮ＋中国で対話によって解決していく環境が早くつくれればよいと考えています。

アメリカと中国との間で緊張が高まっているようにも見えますが、私は習近平・オバマ会談もあったことですし、米中というのは表で戦っているふりをしながら実際には非常に綿密に連絡を取り合っている可能性もあると考えています。私が聞いた話では尖閣でも中国がしばしば領空侵犯をしていますが、事前に通告されている。いつ行くからと。それで例えば三〇分たったら、また離れるからというようなことを事前通告しているようですよね。ですから、日本側はけしからんと言って、また、中国側は侵犯しているわけですけれども、それでお互いの面子《メンツ》を保ちながら大きな問題にはなっていかないという状況になっているわけです。そういうことが米中でもできているのではないかと考えられます。

だとしたら、私は、こんなことでアメリカが本当のドンパチをやるというつもりもないのではないかと思います。ただ、これは孫崎亨さんから聞いた話ですが、カーター国防長官になってから、かなりのタカ派に変わってきているという状況もあるようです。

木村　一枚岩じゃないのですよね、アメリカも。

鳩山　それからアメリカのランド研究所の報告によれば、南沙諸島と尖閣では状況が違い、尖閣の場合は中国とアメリカの軍事力のバランスはもう崩れていて、中国のほうがミサイルの精度が格段とよくなってきている。すなわち何かことが起きたときには、アメリカの嘉手納基地が徹底的に破壊されて飛行機が飛び立てないような状況に陥ってしまい、もう勝ち目がないとアメリカも判断しているといいます。しかし南沙諸島の場合は、ちょうどいま、双方の軍事力のバランスがとれている状況といいます。バランスがとれているときが一番ある意味で何か衝突が起きやすい可能性があると、孫崎さんなどは話しておられました。

白井　たしかにそうですが、その一方でそう簡単に紛争にはならないというのも事実で、例えばユーゴ紛争のときに誤爆のふりをして、アメリカは中国大使館をベオグラードで爆撃しているわけです。もちろん中国としては腹に据えかねるでしょうが、だからといって紛争にまでは至らず、グッとこらえて収めています。いずれにせよきわめて流動的な情勢があるなかで、日本の現政権は南シナ海での自衛隊の活動に色気を出そうとしているわけですが、とんでもない火遊びに映ります。

第2章

この国を動かしているのは誰なのか

官僚が日本の政治家よりも、アメリカと密接につながっている現実

木村　ここからは、鳩山政権がなぜ崩壊したのかというテーマに入りたいと思いますが、まず、鳩山先生にあらためてお聞きしたいのですが、二〇〇九年夏の政権交代の意義をどのようにお考えになっていますか。

鳩山　二〇〇九年、国民の大きな期待をいただいて政権交代を果たすことができたのですが、私たちが政権交代によってもっとも実現したかったのは、いわゆる官僚中心の日本の政治を国民の手に取り戻すということでした。いわゆる官から民へ、官僚主導から政治主導へということを強く主張してまいりました。それは長く続いた自民党政治が官僚と癒着し、政策は官僚任せとなり、自分たちは大臣のポストに満足し、結果として国民の声が届かない政治になっていたからです。

官僚が特に外交においてはアメリカ追従型の政治を信奉してきたということもあって、政権交代が目指したものは、別の角度から申し上げると、いわゆる米国に依存する外交か

ら日本をより自立した国家にするということでもありました。官僚ではなく国民を第一に考え、日本の国をもう一度つくり直していくという、ある意味壮大で革新的な発想でした。

私が選挙の前につくらせたマニフェストでは、五つの原則を謳いました。まず一つが、いま言った官僚主導から政治主導へということ。そして、官僚たちの働き方も、いままでの省益中心から国益中心に変えるということ。また自民党政治が、うまく政府と与党というものを使い分けていましたが、そのような二枚舌の政治手法をやめて一体化し、政府＝与党で政治を運営していくということ。さらに、いわゆる縦の利権型の社会を、横の水平的なつながり、絆の政治に変えていきたいということ。そして五つ目が中央集権から地域主権へ変えたいということでした。

こういった我々のやりたいことを、国民のみなさんがどこまで本当の意味で理解してくださっていたかは、いまこのような現実を踏まえると、必ずしも十分ではなかったと思っています。我々のこのような革命的な発想よりも、とにかく国や官僚の無駄遣いをなくし、天下りを廃止して、官僚ばかりがいい思いをする国家から、より公平な社会に変えていこう。そのために、無駄を徹底的に排除するといった部分ばかりが国民に支持され、また我々自身もその部分のほうがわかりやすいという面から、そういったことばかりアピールしていたようにも思います。例えば予算の見える化を行った事業仕分けなどです。

そのことによって、私どもの革命的でもあった改革に対する国民の理解が表層的なところにとどまってしまい、我々が行いたかった本当の意味での日本の自立や、そのための政官業、さらにはアメリカ、メディアも含めた癒着からの解放といった真の目的に対して国民の理解が深まっていかなかったのだと思っています。すなわち最初から、我々のやりたかったことと国民の期待感の間にかなりのずれがあり、それが結果的に、我々の改革が十分な成果を挙げられなかったことにつながっていったのだと思っています。

ただこのような状況の中でもいくつか実現したこともあり、官僚が間に入る中間搾取の仕組みをできるだけ排除し、例えば農家への戸別所得補償といったダイレクトな補償を行いました。高校の授業料の無償化や、子ども手当の創設といったものも、そういう趣旨で我々は考えていたのです。

しばしばこうした新しい補助金を創設するときには、途中に官僚の天下り先をつくって、そこにお金を流していくのが彼らの常套手段でしたから、そういったものはつくらないでやっていこうということが、我々の本意でした。したがって、このような発想そのものが当然、官僚のみなさん方の心の中には、不満として蓄積されていったという可能性は十分あります。

また私が目指したかったのは、特に安全保障において常にアメリカにお伺いを立てなければ何事も決められないような外交はやめようではないかということです。もともと常時駐留なき安保という発想を私自身は持っておりましたし、その意味からは、やはり米軍の基地は思い切って縮小させていかなければならないと考えていましたので、まずはその部分からスタートさせようと考えていました。

日本とアメリカの間には日米合同委員会[※2]など、いろいろなカラクリがあることは、首相になったあとに知ったことも多く、そのことは自分の不勉強でたいへん申し訳なかったと思っております。日本の官僚と米国、特に米軍が常に密接につながっていて、我々日本の政治家と官僚とのつながりよりも、むしろ濃いつながりを持っていることを首相になってから私は知りました。

何とかこういった状況を変えようと私も取り組みましたが、十分な成果を挙げられなかったというのが現実です。米国依存型の外交から意思決定を日本が取り戻すことです。そして、アメリカの意思を尊重しながらも、何でもお伺いを立てなければ物事が決められないという状況は変えなければならない、そしてアジアの一員であることを意識するという発想から、東アジア共同体という日本の進むべき道を示しました。しかしこれも、外務省にはたぶん喜ばれなかったことだろうと思います。

私の在任中は、「東アジア共同体」に対して直接的な批判はありませんでしたが、私が辞めたあとは外務省はこの言葉を一切使わなくなったところから見ると、私と一緒にこの発想も葬ることができたと彼らは思っているのでしょう。東アジア共同体については、必ずしもアメリカが快く思っていないということよりも、アメリカの意思を忖度した日本の行政の存在が大きいと私は感じています。

※2 日米合同委員会……日米地位協定をどう運用するか、日本の高級官僚と在日米軍関係者らが定期的に行っている会合。日本の安全保障の根幹にかかわる問題が協議され、合意の一部が公表されるだけで、会合の全容は明かされない。

やろうとしたことの大きさに比して、覚悟がまったくなかった民主党の政治家

白井　民主党政権を鳩山政権だけではなく全体として見ると、鳩山政権が普天間基地問題でつまずき退陣し、その後、菅政権、野田政権と続くわけですが、その流れの中で、政策の方向性は第二自民党化していきました。そのことで民主党を支持した国民はひどく幻滅し、どうせ自民党と同じであるなら自民党にやらせておけばいいではないかということで、自民党政権に戻り、今日に至っているというわけです。

国民のこうした反応からは、結局、民主党政権がうまくいかなかったことの本質をまったく理解していないし、理解しようとすらしない、むしろ理解することを積極的に拒んでいるというような非常に情けない状態があることも見えてきます。

残念ながら確かに民主党政権は多くの成果を残せなかったのですが、一つだけ最大の成果を挙げるとすれば、それは戦後日本の政治社会の本当の構造が、この失敗を通して表へはっきりと現れてきたということだと思います。それが現れてくればくるほど、ある意味、

何という恐ろしいことになっているのだ、なんと複雑怪奇なことになっているのだと、唖然、愕然、呆然とせざるを得ないでしょう。しかしながら結局、この構造を何とかして一つひとつ解きほぐしていく以外に、この状況を立て直すことはできないのです。

その愕然とするようなゆがんだ構造というのが、私が永続敗戦レジームというふうに名づけたものに他ならないわけです。いわゆる敗戦の否認の上に成り立つそのレジームはおかしなものではありますが、冷戦構造がある時代においては、それなりに合理性があり、存在理由があったわけです。

ところが冷戦構造は一九九〇年前後に終わってしまいますので、九〇年前後というのは実は非常に大きな転換が起こったわけです。世界レベルで見ると冷戦構造の終結があり、日本ではバブル経済が終わりました。それによって、戦後一貫してあった、経済がずっと成長し続けるという状態がついに終わったわけです。さらにこれはたまたまですが、ちょうどほぼ同時に昭和天皇が亡くなり、時代の大きな転換を迎えたのです。そのあたりから、うまくいかなくなってきた。状況の変化に対応しなければならないと、さんざん言われてきましたが、結局、対応できないまま二五年たっている。これが失われた二〇年と言われるゆえんなのでしょう。

確かにこれに対応するのは並大抵のことではなく、特に経済成長が止まったということに関しては、近代資本主義の経済、資本制社会そのものが経済成長し続けることを前提にさまざまな仕組みができているので、世界的に見て完全に低成長で、ほとんど成長しないという状況に対して、いま真っ当に対応できている国はほとんどありません。ごく小さな国などではあるかもしれませんが、それなりの人口規模がある国、つまり日本のようにかなり大きな人口を抱える国で、大きな問題がなく対応できている国というのはありません。非常に難しいことではありますが、それにしても極端なまでの対応不全を起こしているのが、ここ二〇年、二五年の日本なのだろうと思います。

その中で民主党政権というのは、いま述べた二つの大きな転換に対して、本当の意味での対応をしなければならなかった。冷戦構造の終結に対しては、つまり永続敗戦レジームではこのままではやっていけないということですから、違ったレジームへと転換しなければなりません。これまでの特殊な形の対米従属をやめ、アジアへ本当の意味で着地しなければいけない。経済政策においては、子ども手当がまさに象徴的なことでしたが、「コンクリートから人へ」というスローガンが非常に重要なスローガンだったと思います。これはまさに、かつてのようにものをつくり、インフラに投資をすれば、それで経済は伸びていくという前提が崩れたからこそ、発想の根本転換をしなければいけないということだったと思います。その意味では、本当にチャレンジングなことを、本当の意味で時代状況の大転換に立ち向かって、それを正面から見つめてやろうという姿勢が間違いなくあったわけですね、最初は。

では、問題はどこにあったのか、なぜ、それが実現できなかったのか。まず第一に官僚主導から政治主導への転換ですが、これは政治家とはつまりは国民の代表者なわけですから、ある意味、官僚主導から国民主導へと言ってもいいでしょう。

私は外からこの動きを観察していて、官僚主導をやめるというが、それでは誰が政策を立案し、実行可能な形へと練り上げていくのだろうかと疑問に感じていました。それをやる実行力のある社会的勢力がないのです。結局これは、常識的に考えれば、官僚の中で、これまでの主流派とは違った考え方をする人たちを使う以外にはないということに実際はなると思います。

それではそれをどう進めるのかとなると、これはもうある意味、恐怖政治をやるしかないと思うのです。これまでの主流派はもちろん猛烈な抵抗をしてくるでしょうから、これに対しては政府与党は粛清をして、「我々の考えていることに心底、賛同してやりますという人をとり立てますよ」という形で進めていくしかないだろうと思います。

これはずばり権力を振るうという話ですから、相当厳しい覚悟をもって臨まなければできないことです。僕は民主党政権の発足当時、ある閣僚が「これは明治維新以来の大変革である」と言ったことに、非常に違和感がありました。明治維新とは、実質的に革命であって、あのときに多くの人が死んでいます。当然、幕府側はたくさん死にましたし、勝った側でも西郷隆盛、江藤新平、大久保も討たれてしまう。革命とはそういうものです。

要するに、明治維新を最前線で主導した人のうちで、畳の上で死ねた人のほうが少ないというのが現実です。そう考えると、それに匹敵することをやるのであれば、同じぐらい血が流れるということまで覚悟してやるべきということです。もし本当に、その覚悟があるのであれば、そんなことは公言しませんよね。黙ってやるはずです。だから私は、やろうとしていることの大きさがよくわかっていないし、本当の意味での覚悟が、ないのではないかというふうに疑ったのです。

結局、案の定というべきか、自民党や官僚といった旧来の勢力は、民主党政権がやろうとしていることの彼らにとっての本質的な危険性を理解していますから、全力を挙げて抵抗してきました。いろんな手管を使ってきて、民主党政権はカウンターアタックを食らうことになりました。

そして、菅（直人）さん、野田（佳彦）さんになると、もう完全屈服ですよね。許してください。与党でいさせてください。我々は思い上がって余計なことを言いました、と完全に官僚や、その背後に控えるところのアメリカに土下座をするという形になっていってしまったというのが、民主党政権のおおよその推移だったと思います。

しかしこのことでわかったのは、官僚主導の政治から国民主導への政治の転換は、本当に簡単なことではないということです。やられる側は死にものぐるいですから、当然、あらゆる手段を使ってきます。民主党は要するに、戦いのやり方でしくじったわけですから、やはりこのしくじりから学ばなければならないということだと私は見ています。

逆にいまの安倍政権は、民主党が与党としてとるべきだった政治手法をある面では見事に使っていますね。それはつまり、人事権の行使です。はっきりとした意思を示し、それに従う人間を使う。政権の権力の本質が、人事権にこそあるということを踏まえたやり方です。

検察、メディアの攻撃で、発足時にすでに弱体化していた鳩山政権

木村　私は鳩山政権が目指したものだけでなく、残したものも非常に大きかったと考えています。まさに、戦後初めての本格的な政権交代であったと思います。有権者の四〇％以上という圧倒的な支持もありましたから、九三年の政権交代によって誕生した非自民党の細川政権以上の本格的な改革を実施されたと思います。

対米自立と脱官僚政治を掲げ、個別の問題で言えば、脱官僚政治では、事務次官会議を廃止しました。私はあのとき、テレビの映像で事務次官たちが葬式のときのような顔をしていたのをものすごく印象的に覚えています。明治以来の日本はやはり官僚支配国家、悪く言えば官僚独裁国家だったと思います。それを脱官僚政治、官僚主導から政治主導へ本気で動かそうとした、その象徴的な出来事が事務次官会議の廃止だったと思います。

それから特別会計という、これまで官僚の聖域だった部分にも初めて手をつけたということは非常に画期的だったと思います。官僚の抵抗によって三兆円しか捻出できずに子ど

も手当が満額でできないという事態も招きましたが、また事業仕分けはパフォーマンス的な要素があったとしても、これまで戦後七〇年、一切、手をつけられなかった問題に手をつけたということでは非常に大きな動きだったと思います。

それから対米自立との関係で言えば、インド洋から任期途中でテロとの戦いに協力して派遣していた海上自衛隊を引き上げさせました。これも自民党政権ではちょっと考えられないぐらいの決定を即座にされたと思います。それから年次改革要望書[※3]というのが一九九〇年代半ば、九四、九五年から始まっていましたけれども、それもやめさせた。これも僕は、すごいことだと思います。さらに言えば、さきほど触れられた東アジア共同体、その理論的な部分である常時駐留なき安保というような提起も画期的であったと思います。それから普天間基地の問題では辺野古案を白紙に戻し、沖縄の民意に応えて「できれば国外移転、最低でも県外移転」を本気で追求された。また国民新党との連立でもありましたけれども、郵政民営化という小泉・竹中政権がやった悪しき負の遺産を派遣労働者の問題も含めて、もっと国民本位のものに変えようとされた。

これらのことを見てくると、本当に内政、外交とも大きな変革を志向し、それなりの成果もあったと思います。ただ残念ながら鳩山政権末期、それを継いだ菅・野田両民主党政権は白井さんが言われているように第二自民党化、すなわち自民党以上に米国と官僚の言いなりという状況になってしまった。その理由としてよく、準備不足とか、閣僚経験もない政治家、新人などの寄せ集めであったとか、あるいは内部分裂などが指摘されていますが、白井さんが言われているところの死ぬ覚悟といいますか、掲げたものは大きいのに、それを本気で、どのような妨害があろうとやるのだという意思を十分には持っていなかったという部分は大きかったことも間違いないと思います。

白井　死ぬ覚悟というか、殺す覚悟ですね。もちろん物理的意味ではありませんが。与党にいるのですから、殺す覚悟でやっていきますと当然、相手も逆にこっちを殺そうとしてきますから、死ぬ覚悟が必要になってくるということです。

木村　ただ僕は政権交代が行われる前から、民主党の登場を阻むためのあらゆる仕掛け、攻撃がなされていたという点は忘れてはならないところだと思います。それが政治資金問題における、小沢一郎先生や鳩山先生に対する攻撃だったと思います。小沢事件が何だったのかということを簡単に言えば、孫崎享さんも指摘されているように、これは政治的な謀略であり、植草一秀さんが指摘されているように背後にアメリカを戴く政官業学報が一体となって進めた政治的なクーデターであったとも言えると思います。

その意味では残念ながら鳩山政権が登場したときには、すでに半分近く力は削がれていたと私は考えています。政権交代したのちにも、検察をはじめとする官僚たちの攻撃や抵抗は続き、メディアも一切、攻撃の手を緩めず、あらゆる民主党がやろうとしていることに対して批判的に足を引っ張る報道を繰り返したというのは本当に異常であったと思います。そうした攻撃、批判をすることができたのは、やはりバックにアメリカがいたからだと思います。

既得権益層にしてみれば、民主党政権誕生を阻むことはできなかったが、さらに参議院選でも勝たせてしまって民主党政権が四年満期、あるいは八年やられたら、もう自分たちは終わりだということをわかっているので、それを何としてでも崩そうという意味合いで、政権交代後もあらゆる攻撃がなされ、いまに至ったのだと思います。

鳩山政権崩壊の直接のきっかけは普天間問題と言われていますが、僕は普天間問題以上に、その背景として鳩山先生の東アジア共同体構想がアメリカなどの虎の尾を踏んだと思いますし、常時駐留なき安保論は封印されたとはいえ、日米地位協定の改定や思いやり予算の削減、撤廃といったさまざまな方向性を打ち出そうという姿勢を持っていたことに、既得権益層は大きな脅威を抱いていたのではないかと思っています。

※３　年次改革要望書……日米両政府が互いの経済発展のために、改善が必要と考えた相手国の制度、規制の問題点を文書とし、交換していたもの。郵政民営化や労働者派遣事業の規制緩和等は、米国からの要望が施策として実現したもの。

政治主導はいかに挫折したか

鳩山　民主党政権はやろうとしたことの大きさに比して、その覚悟が足りなかったのではないかという指摘がありましたが、私もそのとおりだと思います。もっと言えば、やろうとしたことの大きさが本人たちも必ずしも十分わかっていなかった。どこまで大きな抵抗があるかということを理解しないで、いきがっている部分があったのも事実です。あれだけの期待感、国民的支持を得ての政権交代でしたから、これは政権に就いたら何でもできるぞといった油断もありましたし、ことの大きさも十分に理解しないまま政権に就いてしまった。その一番の責任が私にあるのだと思います。

実は細川護熙元総理に先日お会いしたのですが、そのとき細川さんが、私の考えたことと同じことをおっしゃっていて、「鳩山さん、いまの状況をどう思う。とても私はいまの政治状況をそのまま見過ごしてはいられない気持ちでいる。でも相手はやはり背後にアメリカがいるということを我々は十分理解しておかないといけない。アメリカとアメリカをうまく使っている官僚組織かもしれませんが、そこと戦う覚悟を考えてみれば私も十分に持ち合わせていなかった。もっとその覚悟ができていれば、私の政権もあんなに短命で終わらなかったのではないか」とおっしゃったのです。

私もまったく同じ思いで、勉強と覚悟が足りなかったというところで、まさに二人の反省点が一致したわけです。かつて民主党だった連中はいまも、そこのところにまだ十分に気がついていないのかもしれませんが、本当にやろうとしたことの正しさを真剣に考えれば、これは相手をそれこそ武力で殺すわけではありませんが、政治的に、あるいは行政的にという言い方になるのかもしれませんが、殺すくらいの覚悟を持っていなければいけなかったのだと思うのです。

そのことに関して、私が選挙前に訴えていたことの一つに、政権交代した暁には、各省庁の局長以上の方々には一旦、辞表を出してほしいということがありました。まずは政権が人事権を握らなければいけないと考えたのです。局長以上の人たちには一旦、辞表を出してもらって、我々新しい政権がやろうとしていることに協力するのか、協力しないのかということをきちんと一人ひとりにあたって、その人が「わかりました。本気でやろうじゃないか」と言ってくれれば、もう一度、採用するということをやりたいと考えていました。政権をとる前はこういったことも安易にできると考えて主張していたのですが、いざ実際に政権交代して、これをやりたいという話になったら「いや、憲法違反ですからできませんよ」と松井孝治副長官から言われて実現できませんでした。本当にこれが憲法違反になるのか疑問は残るのですが、あのとき私自身も、あっさり引き下がってしまったことが悔やまれます。

もし実現していれば、面従腹背的な役人ですから、表では当然、「新政権に協力しますよ」と言っておいて、うしろで何をするかわからないということはあるかもしれませんが、一応、そのような儀式を通すことで、相当、変わっていた部分もあるのではないかと思い、これができなかったことをたいへん私は反省しています。

それと同時に、政治主導確保法案などもつくって、もっと行政に大量の政治家を入れて、そこで動かしていこうという発想を持ったのですが、これはむしろ小沢さんが党のほうを預かっており、そんなにたくさんいい人間ばかりとられたら党の運営ができなくなるよと言われて、党と政府の間での葛藤もあって、なかなかまとまりませんでした。本来ならば勢いがあるうちに一遍に、官僚任せの政治から政治家が主体的に政策を決定できるための法律を成立させていかなければならなかったのですが、ここでつまずいて、結局、私以降、最後までできなかった法案でした。

木村　国家戦略会議も機能しませんでしたものね。

鳩山　そうです。国家戦略会議も私は国家戦略というのだから、一番の国家戦略は単なる予算の決定に主導権を発揮するということだけではなく、日本の歩むべき外交の軸をここでつくるべきじゃないかと主張しました。しかしこれは岡田（克也）外務大臣から「いや、外交問題は、ここに入れてはいけません。外交は外務省で行いますから、それは絶対駄目です」と言われて頓挫しました。

結局、そのような国家戦略会議であるなら、いったい何のためにつくるのかということになり、うまく機能しない状況に陥りました。これらのことを振り返ると、やはり一番は私自身、そしてこのあと政府に入った首相や閣僚、あるいは議員や党員全員が十分な勉強も準備も覚悟もできていなかった。しようとしていたことの大きさ自体も、たぶん十分に把握できていなかったのではないかと思います。

先ほど触れられた、インド洋からの海上自衛隊引き上げの件について、少しだけ付け加えさせていただくと、あれは私もうまくいったと思っています。政権交代する前に、私も二度ほどアフガニスタンのカブールに行ってカルザイ大統領にもお会いしてきましたが、カルザイ大統領との会談の中で、海上自衛隊に対する感謝の気持ちというのは一言もありませんでした。要するに、せっかく日本の海上自衛隊がインド洋で洋上補給活動を行っていたのですが、必ずしも評価されておらず、本当にアフガニスタンのためになっていると は理解されていないことがわかりました。

ですからこれまでの海上自衛隊による支援ではなく、アフガニスタンの国民に直接的に意味のある支援の方向に変えるべきだと考え、その方向に変更しました。これは正しい発想であったと、いまでも思っております。

また、新しい政権になったのだから、日米規制改革委員会は、あり方自体を変えようと、開かないようにしたのですが、ただ、逆にそのことに対する怒りが、その後、ＴＰＰの押し付けの方向に変わり、日本の政府がそのとき以上に反動的にアメリカの圧力に対して屈服する状況をつくってしまったのはたいへん残念でした。郵政民営化はまさに年次改革要望書の中から出てきた話であったものですから、このような対米依存のやり方を当然、根本から変えなきゃいけないということで行動しました。その方向性は間違ってはいなかったと思うのですが、結果として、それが今度は逆噴射するような形になってしまった。

白井　逆噴射しているとはいえ、僕は物事がはっきりするようになってよかったのではないかと思っています。いま、たいへんな逆噴射、反動的な状況にあるわけですが、ある種、これはどうしてもくぐり抜けなければならない厳しいプロセスであると考えています。民主党が政権をとったときに私は、政治レベルで言えば、民主党がもし下手を打てば、完全に官僚や自民党にしてやられると見ていました。それを防ぐためにはどうしたらいいのか。手ぬるく当たれば絶対、向こうのほうが復権してくるはずです。それは、ものすごい惰性の力があるからです。ですから復権してこないようにするためには、自民党もたたきつぶさなければ駄目でした。

民主党自身も、リベラル左派の人からネオリベラル系右翼まで、いろんな人がいて全く一枚岩ではない。明らかにまともではない人もいる。こういう状況においては、僕はまず自民党を解党にまで追い込むべきだというふうに見ていました。自民党の中には、それこそ立憲主義というような基礎ルールを理解していない、あるいは理解していてもそんなことはどうでもいいと思っている人たちが、かなり多数いることが表面化しましたが、これはもともとそうだったのです。自民党の政治家たちのいろんな発言の端々に、それは昔から表れていました。そういった政治勢力は日本の政界から全部駆逐しなければいけないだろうし、そのためには一旦、自民党が立ち行かなくなるというところまで追い込まなきゃいけないはずだと私は考えていました。
　そして、しかるのちに大きな政界再編が起こり、民主党もしかるべき分裂をして、いわば中道左派的な人と、わりにネオリベラルな人という形で党が割れて初めて、それこそ小沢さんが言っていたような政権交代可能な二大政党制みたいなものができるだろうと考えていました。つまり、自民党か民主党かというような形での二大政党制は、僕はできやしないと思っていたのです。僕は最良のケースで、そういうシナリオがあるだろうと思ったのですが、結局、それは実現しませんでした。
鳩山　その前に民主党が先につぶれてしまった。
白井　そうです。それこそ検察の力なり国税の力なり、あらゆるものを動員して自民党をたたけば、いくらでも埃が出てきて、ギリギリまで追い込めたはずでしたが、それが民主党にはできなかった。これも、力の使い方がわかっていなかった。

財務省の巨大な権力と、事業仕分けがもたらした混乱

白井 さきほど民主党政権が人事権を十分に行使できなかったという鳩山先生からの話がありましたが、一つお聞きしたいのは、それこそ官僚支配の中心をたたく必要があると考えたときに、私は財務省の主計局を解体すべきで、セクションを廃止すべきであると思っていたのですが、そういった考えというのは出てこなかったのでしょうか。

鳩山 そういう考え方もかつてはあったと思います。いわゆる大蔵省解体論を五十嵐文彦君などは唱えていました。実際に大蔵省は解体されました。その後財務省解体論まで叫ぶ声はあまりなかったように思います。いずれにしても実際に政府の中に入ってしまうと、財務省の力によって、いつの間にかご利益にあずかるという形で懐柔されてしまう。

ただ一時、蓮舫君などが中心となって事業仕分けを行いましたが、あれも格好だけだと思われてしまった部分もありますが、いままで見えなかった予算、あるいは決算も含めて、国民の目に見える形にしたことに意味はありましたし、さらに推し進めていけば、それな

りにおもしろい姿になっていたと思っています。

白井　いや、私は、あれは、まんまと財務省に乗せられたと。

鳩山　確かに財務省が他の役所の予算を削るために使われたと言われれば、そのとおりかもしれません。そして結局、いろいろやったが無駄が期待するほど出てこない、というところまでで終わって、逆に国民の不満が募ってしまったという面はあります。

白井　実は僕は、自分自身ではありませんが、非常に身近なところであれによる被害を目撃しています。前に勤めていた大学で、文科省関連の競争的資金獲得プログラムに応募して、予算を獲得したことがありました。これにより大した規模ではありませんが、何百万円かは入ることになっていた。それで三年間ほど任期つきで、専任扱いで人を雇えるということになって、実際に誰を雇うかというところまで決まっていたことがありました。

ところが、それが事業仕分けにかかってしまい、プログラムはカット。働くことになっていたはずの人も、雇うことが無理になってしまった。結局、具体的にお金がつくということが動き出しているものを途中で止めることによる弊害というのは、やはりあるのです。かつ、こういうことは非常に細かいことなのですが、当事者にとっては切実ですから、ものすごく人の恨みを買うという側面を持っています。

これはたぶん、四年、五年のスパンで確かにいい方向に向かっているということが見えていれば、このようなことが起きても、まあ仕方がないか、というふうに思える事柄かもしれません。それが、全然、そういったものが見えないなかで、ただミクロなところでの混乱が起きるというのは、民主党政権の信頼を失わせていった要因の一つだろうと僕は思っています。

むしろ財務省の役人は、そこまで考えてやったのではないかとすら思います。長期的には絶対、本質的な意味での変化はさせないと彼らは考えていて、ある種、小手先のことをやって、むしろちょっとした混乱を起こして、民主党政権の評判を悪くする。そうすれば、自分たちは盤石であるというふうに考えていたのかもしれない。

木村　それはサボタージュの一つとして、そういう面はあったかもしれない。八ッ場ダムの事業でも、あそこまで廃止を決めていたのに、結果的に逆戻りした。

鳩山　八ッ場ダムはマニフェストに書いたのですから、もうやめるという結論をすぐに出して、あと戻りしてはいけなかったのが、最後までフラフラして結局、やることになってしまった。

木村　あれは象徴的でした。

鳩山　白井先生のお話はそのとおりだとは思いますが、恨みを買うのも仕方がないことなのです。事業仕分けは、なぜあのように九月の時点に話が出て、一〇月、一一月とやっていったのかというと、すなわちこれは自民党時代につけた予算を、政権交代をした我々が、そのまま認めるわけにはいかない。おかしなものはとことん直そうという発想から始まっているからです。みんなの面前でカットするのですから、恨みを買いますよね。本当は減らすべきでなかったものまでカットしたこともあったと思います。

その意味から言えば、今度は民主党が中心となって予算づけをしたものに関しては、それをまた事業仕分けをやるというのは、おかしいのではないかと私は思っていました。初年度だけは自民党政権から民主党政権に代わるときの無駄遣いを徹底的に無くせという方向で、多くの怒りを買ったとしても、事業仕分けの意義があったと思います。しかし二年目からは、民主党政権が予算をつけたものを、また民主党が、これはつぶせといった話をやるのは、私には理解ができない中で進められていったことでした。

もちろん私も、あとから、いろいろな方に、あなたのおかげで予算を蹴られました、削られましたといった嘆き節をいただくことがありましたから、当然、その怒りが反民主党的なものになった可能性はあると思います。しかし、一般的な多くのそこに関わりのない人たちからすれば、いままで予算というものがどういうふうに決められていたかまるでわからなかったものを、誰もが傍聴できるような形で決めていき、しっかりとした理屈づけができないものはカットしていくという行動を見せたわけですから、それなりの意味があったように思っています。

ただ、そのシナリオが財務省の中でつくられていて、たぶん政権交代して、すべての予算が政治家の頭の中に入っていたわけではないですから、「こういうものは事業仕分けしたらどうですか」という感じで、役人のほうからインプットされてつくられていった可能性はあると思います。

木村　藤井裕久さんが無駄なお金はいくらでもあると言って、やってみたら一〇兆円出せるところが、三兆円しか出てこなかったという結果は、完全な財務省官僚の主導によるもので、彼らのサボタージュだったのでしょう。自民党政権に代わったら、一〇兆円、ポンと特別会計から出したじゃないですか。

鳩山　自民党には出しますが、我々には出さない。

木村　それが明らかになったと思いますよ。そこが非常に大きかった。

鳩山　藤井さんにしろ、小沢さんにしろ、無駄はいくらでもあるからお金を出そうと思えば十分、出せると我々に主張されたものですから、かなりマニフェストも大胆なものをつくったのです。しかし、実際には出てこなかった。

木村　三兆円は出ました。ただタブーとされている米国債を購入しているような外国為替特別会計に手をつけるということはできませんでした。

白井　特別会計が肥大化していて、複雑怪奇なものになっている。日本であの全容を把握している人というのは一人もいないのではないかと思えるくらいです。

対米自立路線は、いかにつぶされていったのか

木村 一九九三年の初めての非自民党政権である細川政権が志向したものと、鳩山政権が二〇〇九年に志向したものは対米自立なり、脱官僚政治なり、かなり重なっていたと思うのです。細川政権のほうがより短期で、成果もほとんどなく終わったと思いますが、鳩山政権は従来やっていたことをやめたことも含めて、僕は業績はいろいろな形で残っていると思っています。東アジア共同体の問題でもいま、事務局ができて残っていますよね。

鳩山 ええ、ソウルにあります、日中韓三国協力事務局を二〇一一年にスタートさせ、いまでもソウルに残っています。

白井 僕は時代状況が大きく違うと思うのですが、この間、十数年間でアメリカの衰退が大きく深まったが故に非常に露骨なことをアメリカがやってくるようになったと見ています。ある種、日米の潜在的対立というのは常にあるわけですが、細川政権のときには、さほどそれが表面化しなかった。ネオリベラリズムが浸透してきたという問題もありますが、

二〇〇〇年代になると、それがもっと露骨な形で表れてきた。たぶんその一つの大きな象徴的な契機が、小泉政権時代の郵政民営化をめぐることだっただろうと思います。

僕は民主党政権の失敗を通じて、ここのところはしっかり押さえておかなければいけないというポイントがあると思っています。鳩山先生にぜひお聞きしたいところなのですが、こちらから見るとどうも民主党政権のやっていることが中途半端に見えた部分がいくつかありましたが、その一つが検察改革で、取り調べの可視化の件です。

日本では検察が犯罪をつくっており、刑事訴訟の有罪率がなんと九九％です。これはスターリンのソ連や、フセインのイラクよりも高い有罪率です。つまり起訴されれば、ほぼ即有罪が確定するという、そういう日本は司法制度だということが二〇〇〇年代あたり、特に佐藤優、鈴木宗男事件あたりから、かなりクローズアップされるようになってきていたと思います。そうした中で、取り調べを可視化しなければ駄目だろうという声が大きくなってきており、民主党政権の政策に期待をしている向きもかなりあったと思いますが、結局、あまり進まなかったということがありました。なぜ、こういうある種、リベラルな政策が進まなかったのでしょうか。

それからもう一つが、アメリカが鳩山政権というものをどう見ていたのか。どういう態度をとろうとしたのかということです。やはり外から見ていて一つ象徴的だったのは、アメリカとの交渉窓口に寺島実郎さんを起用したということがあったと記憶しています。これはまさに対米自立、本当の意味での自主外交をやっていこうという姿勢のはっきりとした表れだったと思うのですが、これが結局、うまくいかない。

私が聞いたところによると、アメリカが交渉チャネルとして寺島実郎みたいなやつとは話したくないということで、全部、ウィンドウを閉じてきたと。これは困ったということになって、寺島さんから人を入れ替えるということになった。そこで起用されたのが確か岡本行夫さんだったと思います。私は正直、この人事を見てあり得ないと思ったわけです。よりによって岡本行夫さんとは。僕から見ると、自主外交、対米自立を目指しているはずが、何とも中途半端に映ったのです。

このように、やろうとしたことが途中で何か、よれてしまうというのが、いったいどういうメカニズムで起こっていたのか、当時のことも含めて、お話しできる範囲でお聞きしたく思います。

木村　僕も関連して少しだけ。取り調べの可視化問題は志布志事件の問題もあって、すでに政権交代前に参議院で民主党案が二度、可決されていたと思います。それが政権交代すると議題にも出されない。僕も本当に不思議に思いました。

　それから外交問題については寺島実郎さんのお名前が出ましたが、鳩山先生が政権交代前に『Voice』で書かれた論文「私の政治哲学」は、東アジア共同体や、アメリカ主導の金融資本主義の欠陥に触れたもので、アメリカのメディアから批判されるということがあったと思います。寺島さんも東アジア共同体や、日米中の正三角形を提起していて、それがアメリカ側の批判にもさらされたというふうにも聞いています。

　ただ、寺島さんから岡本さんに外交顧問が代わったといわれていますが、正式には寺島実郎さんは一度も官邸に、そのような役割を果たす場を与えられていなかったのではないでしょうか。それも含めて、お教えください。

鳩山　まず、取り調べの可視化については二つの原因があって、その一つは、優先順位としてはまだ、それほど高くはないという判断がなされたと私は理解しています。党内でも実は参議院では民主党案が出ておりましたが、衆議院まで含めるとまだ全員が賛成だという環境では必ずしもなかった。したがって当然、四年間の間にはやろうという話をしていたわけですが、優先順位としては、まず政治改革を優先してやっていこうということでした。

またもう一つは、小沢先生の問題があったものですから、ここはあまり触りたくないという判断が私ども官邸の周りにはありました。逆にこういうことを突きつける手もあったかもしれませんが、どうも弱気だったのかもしれません。小沢さんの政治資金の問題では、検察のやらせが事実としてあり、あまりにもひどい話だと我々も感じたのですが、可視化の議論をいまここでやって、小沢裁判にどういう影響を与えるかというところでビビってしまったというのが二つ目の理由でありました。それで、結果として取り調べの可視化が進まなかったということがあります。

それから寺島実郎さんに関しては、私が個人的にそれまで非常に親しくおつきあいさせていただいており、考え方もすべてが一緒ではありませんが、非常に近いものがあり、私も学ばせていただいたこともたくさんあったものですから、寺島さんを実は大臣に迎えたいと考えていました。選挙前だったか、選挙後だったか、私が作成した最初の人事の草案の中には寺島実郎さんの名前は入れていました。

木村　それは外務大臣ですか。

鳩山　それは申し上げられないのですが、名前を挙げてはおりましたが、実際に組閣名簿をつくろうとすると、どうしてもそこまでの余裕がありませんでした。党内あるいは三党連立でありましたから党外も含めて人事を考えると、まるで余裕がなくなってしまい諦めざるを得ませんでした。ただそれとは別に、実は寺島さんを官邸に何度も呼ぼうと思ったことがありました。しかしそのたびに、「寺島さんはちょっと勘弁願いたい」という雰囲気が官邸の中、特に外務省出身の秘書官などから出てきて、あえて寺島さんを何度も官邸にまで呼ぶことにはならなかったのは事実です。

私がそんなことは気にしないで、とにかく話を聞きたいと、来てもらえばよかったのですが、そのことが、かえって寺島さんのご迷惑になるという判断もあって、やめてしまった経緯があります。すなわち私としては対米関係を変えていくためには寺島さんのような方が必要だと判断していたのですが、それが実現しないどころか、官邸に近寄れない状況になってしまっていました。これは非常に残念でした。

岡本さんに関しては、私は彼に対米交渉をお願いしたことはありませんが、普天間の移設問題で辺野古移設の提案を強く薦めに何度か来られました。

木村 核密約問題を検証する有識者委員会の座長に、北岡伸一先生がなられたことにも僕は唖然としましたけどね。

白井 あれは外務省がやっているわけですから、任命したのは岡田さんだということですよね。

鳩山　そうですね。

白井　北岡伸一氏がどういう人なのか、わかって任命しているのか、それともよくわかっていないのか。

鳩山　わかっていないんじゃないでしょうか。

木村　いまも、自民党のブレーン中のブレーンですがね。

白井　北岡さんというのは強烈な人で、小沢一郎さんの日本改造計画のゴーストライターの一人だったらしいのです。それでいまは安倍さんのブレーンです。

木村　外交顧問として孫崎亨さんなどは候補でしたか。

鳩山　その当時は、おつきあいはなかったです。官邸には一、二度だけ、川内博史さんと来られましたが。

木村　川内先生も本当に重要なキーパーソンだと思うのですが、第一次鳩山内閣で川内先生をどこかの要職にというのは難しかったのですか。官房長官や外務、防衛大臣とか。

鳩山　たぶん、そうなったら相当、民主党の中でハレーションが起きたと思います。いまから思えば、大胆な人事をやればよかったという思いもありますが、当時はとにかく初めて政権交代した直後、できるだけ党内の和というものを大事にしようとして、私のグループの人を遠ざけたのです。できるだけ自分のグループではない岡田君とか前原（誠司）君とか、菅さんもそうですけど、これまでの民主党の中枢でそれなりの役割を果たしてきた方々を重用しました。また参議院からは名前を挙げて起用してほしいと要求がありました し、社民党、国民新党との連立でしたから、彼らも当然大臣に起用しました。結果として、私と気心の合う人物をあまり大臣にすることはできませんでした。

木村　第二次鳩山内閣があったら川内先生も登用されたかもしれませんね。

鳩山　それはあったかもしれません。長くやれば、もうそろそろいいだろうという気持ちにもなったでしょう。私のあとの内閣は菅内閣にしろ、野田内閣にしろ、自分のグループでずっと固めましたよね。でも決して、それは党を強くしたわけでも、政権を強くしたわけでもなく、むしろ党内に相当亀裂を入れてしまうことになりました。最後は小沢グループを追い出してしまいましたね。少なくとも私の内閣の間は、党内の亀裂みたいな話はそれほどありませんでした。自分のグループをあまり登用しなかったので、グループの中からは相当文句が出ていたみたいですが、ただグループの外からは党内の和を大事にしている姿というものを認めてくれたとは思います。だからといって応援してくれたわけではなかった。いまから思えばそういうことです。

どのような力に負けたのかさえわからなかった退陣当時の状況

白井　僕は、鳩山先生が退陣に至るときの、普天間基地の移設問題をひっくり返すということになったときのコメントには大きな問題があったと思っています。学べば学ぶほど、海兵隊が沖縄にいることによる抑止力を知ることになったとおっしゃいましたが、逆に、あのときに負けたのだと、はっきりおっしゃってくれればよかった。要するに、こういう約束を選挙でして実行に移そうと思ったが、力及ばずできなかった。私は敗れたのである。だから、その責任をとって辞めます、というふうに言えば、あの件から日本国民は相当、多くのことを学ぶことができたのにと、そこが僕は非常に返す返すも残念に思っているのです。なぜ、あのようなコメントが出てしまったのかを考えるに、やはり当時、混迷というか、いったい何が起きているのかということを首相ご自身もよくわからなかったのではないでしょうか。

何か大きな力によって自分が打ち負かされているというのはたしかなのですが、いったい自分が、誰によって、どう打ち負かされているのかもよくわからないような状況に当時、置かれていたのではないかというふうに推察するのですが。だから、のちにあのような発言をしたことを、非常によくなかったと鳩山先生ご自身がおっしゃっているのを拝見したことがあります。当時の状況としては、いったい何が起きているのかということが、どのぐらいご自身で見えていたのでしょうか。

鳩山　正直言って、かなり直前まで退陣すると決めて行動してきたわけじゃないのです。結果が出て、これでは退陣だという判断をしたわけです。孫崎さんにも、どうせやめるのだったら辺野古と決めないでやめてほしかったと言われました。辺野古と言わないで、自分では五月末までに決めることができなかったと言ってやめていけば、そのあとがやりやすかったと言われました。しかし、辺野古に決めてしまったものだから、それがいまも残っていてたいへん残念だとおっしゃっていました。まさにそうだと思いますが、当時、私は辞めるつもりで普天間の飛行場の移設の問題を考えていたわけでは必ずしもありませんでした。最後に結論が出て、そのあとの状況から、とてもこれは続けられないという判断で辞めていったのです。

普天間の移設先を辺野古に戻さざるを得なくなったときに、どう言えば理解が得られるか迷いました。海兵隊自体が抑止力のために存在するのではないことはわかっていました。ただ、海兵隊を含む米軍全体が日本にいることが抑止力になっているとは言えるかもしれない。そこで学べば学ぶほど抑止力と言ってしまったのです。

それでは私は何に負けたのかというと、そこのところもはっきりしない状況でありました。おっしゃるとおり、結局、自分がやりたいと思っていたことが、何でうまくいかない形になってしまったのか、その背後の大きな力がよくわかっていなかったと思います。自分自身の力不足は感じながらも、なぜ、沖縄の人を怒らせる、国民を怒らせる、最後に辺野古に戻ったのでアメリカを怒らせることにはならなかったかもしれませんが、連立政権の社民党、国民新党も怒らせるという状況になってしまったのか、背後にどんな力が働いたのかわかりませんでした。

どのパワーによって、私は敗れたのかという認識は、のちにウィキリークスや、いろいろな分析、自らの検証によって、「何だ、最初から役人はアメリカを向いていたんじゃないか」ということがわかって、かなりはっきりしてきました。

例えば四月の段階で私は、外務省、防衛省の幹部を二人ずつ呼んで、あなた方に預けるからとにかく腹案の徳之島案で頼むと指示しました。しかし、これは極秘に進めなければならないことだから、この会議もなかったことにしてもらいたいという話をしました。しかし、翌日の新聞には載っているというような始末です。

木村　そうですね。朝日新聞でしたね。

鳩山　これは誰を信じたらいいのかという気持ちになったことは間違いないのですが、その背後に、どういうパワーがあって、最終的に私が退陣という敗北に至ったかという分析は必ずしも自分自身で当時、できていなかったところがあると思います。

先ほども申したように、海兵隊の存在というものは、私も抑止力のためとは思っていなかった。しかし、海兵隊だけではなくて四軍全体が日本の周囲あるいは日本に存在することによって、すなわち海兵隊もその一部として抑止力の役割を担っているという、こじつけを辺野古に回帰するときにはつけなければならないという状況でした。孫崎さんがおっしゃるように、辺野古と決めなければそういう理屈もいらなかったのですが、辺野古に戻すことにしてしまった以上、辺野古へ戻らざるを得ないという理屈を私なりに、どうつくるかということで、海兵隊そのものは抑止力ではないが、四軍全体の日本の存在が抑止力になっているのだ、海兵隊はその一部なのだという理屈でした。学べば学ぶほどと言ってしまったのは基本的には方便だったとのちに述懐し、そのこともご批判を受けました。

木村　学べば学ぶほどというお言葉は、鳩山先生のご自身のお言葉なのですか。

鳩山　抑止力というのは私が考えた言い方でありました。官僚が、こう言えと言ったわけではありません。

それからもう一つ。私が退陣したもう一つの大きな理由は、やはり政治資金の問題です。政策、すなわち安全保障の問題であれば、これは政府、そして与党全体の問題ですから、私がそのことだけで退陣すべきかどうかという面もあったでしょう。しかし私個人の政治資金の問題で来るべき参議院選挙で多くの仲間が落選してしまうことになれば、それは私にとっては耐えられない。本当は一人でも耐えられないところですが、この調子で行くと、相当、落ちるのが目に見えていましたから、とても耐えられないから自分が辞めるしかないという判断をしました。

このことに関して若干、申し上げれば、私の経理担当の秘書官が私の目をごまかすために、すなわち母から金をもらって、それをうまく事務所の運営に充てたということを私に言えないがために、いろんな人からもらった、もらったと書いてしまった。その中に亡くなった人までが入っていたので、故人献金だと言われた。とんでもないことをしたと思うのですが、要するに私をごまかすためにでたらめな政治資金の報告をしてしまった。しかし、そのことで内閣の支持率がどんどん落ちていくのを目の前で見ていますと、それはとても耐えられないことであり、そちらのほうがどちらかというと退陣の理由としては大きかったと思います。

白井　僕はあの件に関しては、国税局と検察というもののすごさというのをあらためて見せつけられた感じがしました。というのも、そういった経理上の問題がある、脱税という形になっているということを、国税局はたぶん、ずいぶん前から把握していたのではないでしょうか。しかし、わざと放っておいた。それはなぜかといえば、この鳩山という人物はまだ野党だが、いずれ首相になるかもしれない。だからいま、この問題を表面化させてやっつけてしまってはつまらない。本当にこの人間が権力をとったときに、持ち出すことにしようと、あたためていたのだろうと思うのです。

鳩山　そして、二〇〇九年の六月、選挙の直前に出るのです。それは当然、その前から知っていたということでしょう。

木村　小沢さんの資金問題との連動で、最初は党内の分断といった狙いもあったと思います。そして最初に小沢さんが党首を降りられて幹事長になって、幹事長の鳩山さんが党首になった。その直後ですね。鳩山さんの問題を持ち出してくるのも。

鳩山　しかし不思議なのは、小沢さんも私も、そういう政治資金の問題が起きていながら選挙で圧勝しています。

木村　それだけ、小泉竹中改革の負の遺産が、大きかったということがあるのだと思います。メディアのバッシングも一方では大きかったのですが、それを上回る国民の期待が政権交代選挙の前後にあったので、メディアは政権交代そのものは、あたかも歓迎するかのような報道をしたところもありました。必ずしもメディアも一枚岩ではなかったと思います。そのあたりは複雑だと思いますね。

第3章

日本人にとっての原爆、原発、核開発

ドイツ、イタリアにはできても、日本が脱原発できない事情

木村　二〇一一年三月一一日に未曾有の東日本大震災、福島原発第一事故がありました。その後、一旦は脱原発に向かおうとしたかに見えたものが、いまでは川内原発は私の地元ですが、日本で最初に再稼働をするに至り、それが全国にも広がろうとしています。

なぜ地震、津波大国である日本が、そもそもアメリカ、フランスに次ぐ五四基もの原発を有する原発大国になったのか。そして、なぜ事故を起こした当事国である日本が、大きな事故を起こしていないドイツやイタリア、スイスなどが脱原発に向かう中で、再稼働に向かっていくのか。これは国際社会から見たら、非常に奇異に見られている問題だと思うのですが、これを白井さんはどうご覧になっていますか。

白井　ここまで原子力技術、原子力開発ということに日本が執着をしてきたことの経緯を考えてみたときに、まず日本の原子力開発というものが、非常に特殊なあり方をしているという点が挙げられます。原子力の平和利用、つまり原発をやる場合でも、原子力技術に

は、発電そのもののほかにフロントエンド事業と、バックエンド事業がありますが、フロントエンド事業で核燃料を準備し、軽水炉でもって発電をする。そして、出てきたものを再処理するのがバックエンド事業ですが、このフロントエンド事業とバックエンド事業というのは核兵器をつくる技術と非常に共通していて、基幹技術は同じなわけです。

いわゆる公然たる核武装をやっている国々というのは当然、原子力発電もやりながらフロントエンド事業、バックエンド事業もやっていますが、日本という国が世界で唯一、特殊だという点は、核武装しない、核兵器を持たないという体制をとっていながら、フロントエンド事業とバックエンド事業をやっているという点です。もちろん原子力発電をやっている国はたくさんありますが、核武装をしていない国の場合は、どこもフロントエンド事業、バックエンド事業には手を出していません。

これは経済的に見て非常に効率の悪い話で、早い話が電気だけほしいのであればウラン燃料を外国から買ってきて燃やし、そこから出てきたものは買ったところへ返すという形で行うことが、エコノミーの観点からすれば一番いいはずなのです。にもかかわらず、わざわざこれをやってきたということは、これはどこかに核兵器としての核の開発への欲望というものがあったこと、そしてあり続けたことは間違いないのです。

おそらくは日本が原子力事業に乗り出したときの最初の動機は、あの戦争に負けた理由を考えて、石油を獲得しようとして泥沼に陥っていき負けたというトラウマがありますので、何とかしてエネルギーをもっと自給したいという欲望があった。そして、もう一つが間違いなく核兵器開発への欲望だったと思うのです。

ただそのことが、はたして今日、どういう形で政官財の世界に受け継がれているのかという点は非常に見えづらい。「いざとなったら俺たちはやれるのだ、いざとなったらすぐ核兵器はつくれるのだ」という確たる意思があってやっているのだったらまだしも、たぶんそういったことすらなく、ただなんとなく続けているというのが現状なのではないかと思えます。これだけの大事故を起こし、大きなダメージを負いながらも、やめることができない理由が、ただなんとなくやっているだけということにすぎないようにも見えるのです。

一方で、この間、注目すべきは、福島事故を受けてドイツとイタリアが脱原発に踏み切ったことです。ドイツとイタリアといえば、これは昔のお友達、旧枢軸国ですが、これは決して偶然ではありません。要するに敗戦国というのは核クラブに入れないということです。国連常任理事国というのは同時に核クラブでもあって、お互いが核武装を公然と認め合う国々で、戦勝国でもあります。ドイツとイタリアはどれだけがんばっても、結局、このクラブには入れないということが運命づけられている。

ですからこれ以上、核技術というものを自前開発でやっていても、結局は兵器転用できないのだから意味がないという結論に至ったということだと思うのです。経済合理性がなくあまりにもリスクが大きすぎて、もう続けていてもしょうがないという結論です。しかしそのときに、これをやめることができるだけの、外的要因が彼らにはあったのも事実です。自分たちが核攻撃をされることはまずないだろう、というふうにドイツやイタリアは思えるからこそ、そこへ踏み切ることができたというわけです。

それではひるがえって、日本はどうか。なぜ核オプションというものをいまだに捨てられないのかと言えば、要するに、これは核攻撃を受けるかもしれない不安がいまだにあり、そういった不安がある以上はこちらも、いつでもやれるようにしておかなければまずいだろうという思いが無意識にあるからです。そのように考えた場合、安倍さんがやっている政策は、確かに首尾一貫性があると言えばあります。つまり中国や北朝鮮との関係を改善する意志を示さず、緊張状態を保ち続けているということと、核兵器、核武装するポテンシャルを残し続けるということは首尾一貫しています。

それからもう一つ、どうもよくわからないので、ぜひみなさんのご意見を伺いたいところは、アメリカの存在についてです。結局、日米原子力協定[※4]があるからこそ、日本は脱原発できない、自分で勝手に決めてやめることができないのだという話がありますが、こういった見方をどう考えますか。

木村　矢部宏治さんが言われていますね。

白井　まず、その点が本当にそうなのかということと、もし本当だとするならば、なぜアメリカは、そこまで日本が原子力を続けることに固執しなければならないのか、どうしても私にはよくわからない。

木村　僕のほうから少し先に言わせていただくと、三・一一とフクシマ以降、日本の政治家が核武装への思惑を隠さないようになってきているという面があります。当時、自民党の幹事長だった石破茂さんがテレビで、なぜ脱原発ができないのかと問われて、潜在的核武装能力を保持することの必要性を明確に言われたこともありました。

もちろん「原子力ムラ」がからむ巨大な利権があるとは思いますが、その利権の問題に隠れて、実は安全保障の問題も大きいのです。一九五〇年代半ばの原発の導入のプロセスにおいても中曽根康弘さんと正力松太郎さんの名前が出ますが、当時の科学技術庁関係の文書でも、やはり原発導入とロケット開発は核ミサイルに直結するもので、だから進めるのだといったような露骨な意図の表明が文書としても残っています。一九六四年に中国が核実験をしたときには、佐藤栄作氏が核武装という衝動は我々にもあるのだということを言って、アメリカから抑えられて、核の傘に入るようになったという経緯もあります。

それ以降も実はひそかに核武装はその気になればできるけれども政治的にはマイナスだから、潜在的な核武装能力を保持することで、相手に抑止力を持つのだという核技術抑止論といった発想で今日まで来ているのだと思います。

いま、白井さんが聞かれたことについては僕は、アメリカの思惑は二つあり、必ずしも一枚岩じゃないと思うのです。一方で原発を推進しようと考える勢力があり、もう一方で絶対に日本には核武装はさせないという勢力がある。その綱渡りをしているようなのですが、いま、露骨に出てきているのはブッシュ政権のときのチェイニー副大統領のような、日本に核武装させろ、中国へのカードとして日本の核武装を容認するというような考え方です。実はアメリカの中でも、共和党のトランプ候補のように、そういう発言をする人たちがいま出てきていて、非常に恐ろしいことでもあります。これはある意味、罠を仕掛けられて、日本がもしその気になって核武装に走ると、はしごを外されて日本攻撃の口実にさせられる可能性さえあると思うのです。

白井　アメリカからすると、日本を中国に対してけしかけるのであれば、核武装ぐらい許してやらないと、無理だろうという発想なんですかね。

木村　長期的に米軍が撤退することも考慮に入れて、核戦力も含めて抑止力を高めるということで日本に核を持たせるという発想もアメリカ側の一部にはあると思います。

※4　日米原子力協定……一九八八年七月に発効。有効期間は三〇年。二〇一八年七月に満期。アメリカから日本への核燃料の調達、再処理、資機材と技術の導入等について取り決めている。

核抑止論はもはや意味を失いつつある

鳩山　私は、石破さんが日本の潜在的核武装能力についてそのような発言をすること自体、時代遅れだと思っています。先般、ロシアと諸外国の学者らが参加するバルダイ会議でプーチン大統領が演説をして、核抑止論は、もう意味を失ったと言っています。現実問題として、核をみんなが持っていても、いろんなところで戦争は起きている。決して抑止効果は出ていないし、一方、だからといって核が使えるかというと、使えるものでもない。持っていても使えないし、持っているいないにかかわらず戦争は現実に起きているという状況を見て、核抑止論は意味を失っていると彼は主張しています。

私はこれはかなり正鵠を射ているのではないかと思っていて、そういう状況にもかかわらず、日本のいまの政権の中に、核兵器を将来持つために原発を保持するのだという発想があるのは、意味をなさない議論だと思っています。

私が政権にいたときは事故が起きる前だったものですから、原発は過渡的なエネルギーとしてはむしろ環境のためにはよい、CO_2の削減という意味においては地球にやさしいということで、増やす方向で考えており、間違った発想を持っていました。それはやはり誤りだったといまは思っていますし、いまは早く脱原発にしなければいけない、できるだけ早くその方向に日本は舵を切らなければいけないという主張をしています。

したがって民主党政権当時、過渡的エネルギーとして原子力発電が必要だという理屈の中では、私どもは決して核兵器を将来つくるからという潜在的な目的があるから、原発容認という発想をしていたわけではまったくありませんでした。

アメリカとの間も原子力協定の話は私もどこまでが真実かはわからないところがありますが、『日本はなぜ、「基地」と「原発」を止められないのか』（矢部宏治著・集英社インターナショナル）という本自体は目からうろこの、非常に優れた内容だったと思っています。

ただ、現実的に言えば、いま、米国も原発をつくろうとしても、米国だけではつくれない。アメリカと日本が協力をして初めて、原発がつくれるような状況になっていますから、そういう意味でもアメリカとしては、日本が完全に原発から手を引いてしまわれると自分たちも原発をつくれないという状況になり困るということはある。

木村　三〇年以上やっていませんでしたからね、アメリカは。

白井　プラントメーカーをどうやって生き延びさせるかというような、経済的側面の問題が大きいのでしょうか。

鳩山　かなりそれが現実的には大きいのではないかと、私は思います。それとやはり日本の電力会社というのは、地域で極めて大きな力を持っていて、だいたい地域の商工会議所のトップには電力会社がついているというような状況です。

木村　労組もそうですからね。

鳩山　電力会社は、その地域をコントロールする大きなパワー、利権を現実に持っています。さらに、そこと政権与党はたいへんに太いパイプでつながれていて、その部分が、核武装という面よりも、現実的なご利益の部分として大きいのではないかと、私は見ています。

木村　アメリカの一部に、日本を核武装させてそれを中国に対するカードとして利用するという発想がある点については、どうお考えになられますか。

鳩山　それは一部ではあるのかもしれませんし、トランプなどは日本や韓国を核武装させて、中国に対するカードにしたいと思っているフシがあります。日本がアメリカの完全な犬として考えられるときには、そのような発想を彼らが持つことはあり得るとは思いますが、一方では日本が核武装をすることによって、アメリカの核の傘の下から外れてもかまわないということになったときに、いわゆる、びんのふたがとれるということで、「日本がまた何をするかわからないぞ」と恐れるアメリカの人たちもいるのではないかと思います。それは両方の側面というか、両方の考え方が存在すると思います。

木村　アメリカも一枚岩ではないと。

鳩山　一枚岩ではないでしょう。日本は被爆国でありますから、その意味でも私はこういう国に核武装は決してさせてはならない。まして、さっき申し上げたように核抑止論というものは事実上、意味を失っているというのが正しい見方ではないかと思います。

木村　ただプーチン大統領がクリミアの独立・編入から一年後の発言で、一連の動きのなかで、核戦争の準備態勢を命じていたという発言をしていましたが、ウクライナの政変はアメリカなどから仕掛けられたものであり、攻撃を受けている側に比べて、圧倒的にアメリカの軍事力が優位ですから、防御的に核に頼らざるを得ないという面もあるのでしょう。そして戦争が起こってはいるのですが、核を持っている国同士が戦争をしているわけではないという意味で、僕は核抑止の機能については全面的には否定できないと思ってはいます。

鳩山　トルコがロシア戦闘機を撃墜しましたが、今後、トルコとアメリカ対ロシアというような構図が出てきていますから、万一ということだってないわけではないでしょう。ただ、それでも核戦争にはなり得ないでしょう。それを一方がやったら、他方もやられるわけですから。

木村　全面的にはあり得ないと私も思います。ただ、先ほど白井さんが日本も核で攻められるのではないか、そのためにも核兵器をつくる能力を保持する必要があると考える人がいると指摘されましたが、その日本が核攻撃されるリアリティがどこまであるのかと考えたとき、僕はその可能性はものすごく低いのではと思っています。

日本がミサイル攻撃されることを考えたとき、原発は冷戦期でさえ福井県を中心に五四基までつくってきましたが、ミサイル防衛システムを導入しながらも原発は一基も守っていない。それでいていま、戦争ができる国になろうとしている。戦争ができるかのように振る舞っている。非常にリアリティのある発言をする人は、イスラエルがやっているように、原発は全部なくせ、核関連施設は地下に置いて核武装能力は維持せよ、そうすれば戦争はできると言います。パワー・ポリティックスの立場をとれば確かにそのとおりだと思います。しかし、いまの政権は、そんなことは何も考えておらず、戦争に向かおうとしている。そこが非常に怖いし、不思議だと思います。

白井 結局それは、平和ぼけだと思うのです。何やら勇ましい言動をしているわりには、プラクティカルな発想がない。ぼけた頭で戦争を夢想している。

木村 外部から敵が攻めてくることはほとんどないと、そう思っているのだと思いますし、それ自体は当たっていると思うのですが、その一方で、例えば北朝鮮に対してアメリカ、韓国、日本が先に手を出したときの報復として、残っているミサイルを日本の原発などをターゲットにする可能性はないとは言い切れないと思うのです。

ロシアの将軍が冷戦期、日本のターゲットは米軍基地、自衛隊基地、原発だったと言っていますので、やはりミサイルのターゲットには必ず原発を入れているのだろうと思います。相手の一番弱いところを攻撃するというのは、軍事常識だと思うのです。僕は中国のミサイル部隊に関係していたという人からお話を聞いたときに、日本を破滅させるのには核兵器はいらない。ミサイル二つか三つでOKだと言っていました。実際にそうだと思います。例えば浜岡と玄海をやられたら、もう、それでほとんど終わりですから。

白井 それでは、諸外国の原発は、軍事的に攻撃されるということに対しては、どういう守りをしているのですか。

木村　いや、それはほとんどしていない。ミサイル防衛システムも一切配備していない。ゲリラに対しては警察ではなくて軍隊で守るということは、アメリカでもやっていますが、空からの攻撃に対しては無防備です。原子炉自体はかなり強固で、そこを壊すにはよっぽどの攻撃をしなければいけませんが、使用済み核燃料のある建造物などは脆く、そこを狙われたら電源喪失して爆発するというのは常識です。ですからいまや、ただ核兵器を使うという以上に、原発施設を攻撃するということのほうが敷居が高い。あまりにも相手に与える打撃が大きく、永遠に住めなくなるほどの被害を与えるわけですから。

やはり核兵器、原爆でさえ、戦後いまだに使われていない現状がある中で、それ以上の被害、犠牲を与える攻撃をやるというのは、もう自分の国が滅びるという状況での報復くらいしかあり得ないでしょう。まず、先制攻撃としてはあり得ない。そう考えると、僕はやはり北朝鮮などに先制攻撃をした側が、報復として受けるという可能性はあると思うのです。この場合、アメリカには北朝鮮のミサイルは届きませんのでやられるのは韓国と日本の原発である可能性は大きいと思います。

鳩山　つまり、原発を持っているということは、核兵器を突きつけられているというのと同じだということですね。

木村　そうです。安全保障上、もっとも脆弱な部分だということをもっと意識する必要があると思います。私が共編者をした『核時代の神話と虚像』という本の中で、立命館大学の名誉教授の藤岡惇先生がその問題に詳しいのですが、原発をミサイル攻撃のターゲットにされても守りようがない、もう不可能だと述べられています。

NPT体制において実は特権が与えられてきた日本

木村 私も鳩山先生が言われるように、周りに敵をつくらないことが最大の安全保障だと思います。

日米原子力協定についてはさきほど白井さんも触れられましたが、NPT（核不拡散条約）体制との関わりでも、なぜ日本だけがプルトニウム保有や、もんじゅなどにからむ核燃料の再処理の権利が認められているのかと、韓国はものすごく不満に思っているようです。日本にはその特権が与えられていて、イランや北朝鮮どころではなく、非核保有国の中で日本ほど核武装に近い国はないというのが現状です。日本が本気で核兵器保有を志向したときに、それを防ぐには武力行使しかないとまで言われています。NPTとIAEA（国際原子力機関）体制の中で、イランや北朝鮮には非常に厳しいのに、日本にはもっとも甘いという、この体制が保持されていることの問題も指摘されています。

白井 その問題を考えるには、なぜ、こうなったのかという歴史的経緯を見ていかなければばならないのでしょう。NPT体制そのものができたのは六〇年代ですから、アメリカ大統領が、ジョンソンのあたりでしょうか。その後、カーターは選挙で核拡散を絶対に防ぐということを公約して大統領になります。しかしそれを実行に移そうとしますが、結局、全然実現できなかった。当時、日本や西ドイツと交渉を重ねていますが、アメリカ側は、妥協に妥協を重ねることになっていく。そう見てくると、なぜNPT体制にあって日本に特権があるのか、その一番単純な答えは、日本の支配層が、その他のことにおいてはほとんど常に対米従属で言いなりになってきたが、この核のことだけは真剣に交渉したということなのかもしれないですね。

木村　僕はやはりアメリカはオプションを二つ残しているのではないかと思います。日本の核武装を容認するという選択肢も残している。例えばイスラエルには、アメリカとフランスが援助して、核武装を容認していますが、それと同じことを実は考えているかもしれない。いまの世界でイスラエルに一番近い扱いを受けているのが日本だと考えれば、非常にわかりやすいのです。ただ建前としては絶対に許さないという強い考えを持つ人も多いので、非常に矛盾しています。

実際NPT体制ほど二重基準がまかり通っていて、不平等なものはないというのが現実です。そしてその象徴が、やはり日本だと思います。日本は核武装の選択肢を残すためにＮＰＴに入ることを最後まで抵抗し、最終的にいろいろな特権をもらう形で妥協して入った。そこには、核の傘に入るという思惑もあったのでしょうが。

鳩山　私もイランでアフマディネジャド大統領と会談した際に、その話をしました。ＮＰＴ体制というものは、まさにダブルスタンダードである。核を持っている人たちには甘く、持たない人には厳しく規制する。これはおかしな話で、それに対する怒りも理解できるが、しかし、その体制の中でも日本は努力し、それを守ってきたことを見てほしい。日本は努力してＩＡＥＡの中で優等生であったからこそ、原子力の平和利用に関しては認められたのだということを話しました。

また、核兵器の話とは別に、平和利用であっても三・一一のような大事故が起きる可能性もあるので、平和利用だとしても政府がその責任を強く感じなければいけないとも申し上げました。

しかしこのあと、私の発言の「ＮＰＴ体制はダブルスタンダードだ」という部分だけが曲解して伝えられて、日本のメディアではずいぶん批判を受けました。

木村　ただ、そのあとイランの対応は明らかに軟化しましたよね。

鳩山　私もそう思います。私のアドバイスがどこまで通じたかはわかりませんが、イランはその後、辛抱強く欧米と交渉して、合意にまでたどり着きました。ですから、行ってよかったと私も思っています。

先ほどのプルトニウムの件、核燃料を再処理してプルトニウムを取り出すということに関して、日本に再処理が認められていることを、日本人の多くは、核武装とはつなげて理解していないでしょう。私もこれまで、それが核武装につながると考えてはいませんでしたので、反対はしていませんでした。ですから多くの国民も、原発の保持を核兵器とつなげて考えていないし、もし政府が日本もどうしても核をつくると言ってきたとしても、当然、国民の大多数は反対することだと思っていますので、これについては私は強い懸念を感じていません。

木村　だからこそ表では、選択肢としては放棄したかのような流れできているのですが、潜在的核武装能力という形で、早ければ二週間とか一ヵ月以内につくれるという能力は維持するという選択をしているのではないでしょうか。

鳩山　石破さんが潜在的と言った瞬間に、潜在が表に出ていると思うのですが。

木村　この問題で、一度ある原子力を専門とする研究者にお聞きしたことがあるのですが、その方は核武装は日本がその気になればすぐにできるし、ひそかにアメリカの一部と通じて核武装している可能性さえあるのではないかということをおっしゃっていました。僕もその可能性さえあると思っています。日本には、あらゆる技術も施設も人間もプルトニウムも全部あるわけです。ついでにミサイル技術もあります。

白井 プルトニウム型の原爆は、起爆装置の精密性という部分が技術的には難しいところで、そこはまさに日本の高度技術が一番得意とするところです。

木村 そうです。アメリカ、日本の政府は公には認めませんが、ひそかに水面下で日米のそういった志向の人たちが協力しながら進めているということは、絶対にないという話ではないと思っています。

アメリカの原爆投下に対する日本の権力中枢の反応

木村　僕は原爆投下の問題を専門にしていますが、原発（安全）神話と同じく、原爆を正当化する原爆神話というものもほとんど虚構と考えています（詳しくは拙著『核の戦後史』、『広島・長崎への原爆投下再考』を参照）。本土上陸作戦が実施された場合の多くの人々の犠牲を避けるためになされたのであるとか、その他の選択肢はあり得なかったなどというのは明らかに事実に反しており誤りです。原爆投下というものは、軍事的に不要であったばかりでなく、政治的にも有害であり、もちろん道徳的にも許されない非人道的な行為でした。当時の国際法などから見ても戦争犯罪と位置づけられると僕は思います。しかしながら、いまだにアメリカ政府、大統領は一貫して原爆投下を正当化する発言をし、アメリカ国民の過半数も正当化しているという現状があります。

日本側が原爆投下を真正面から批判したのは、広島に落とされた直後、降伏する直前に日本政府が出した声明と天皇の玉音放送などで触れられた部分だけです。そして、戦後は鳩山一郎先生が四五年の九月一五日に朝日新聞で批判をしました。これをきっかけに、進駐軍によるプレスコード（新聞統制基準・検閲）がなされることにもなりました。

日本で戦後、原爆投下批判をしてきたのは当初、どちらかと言えば左派リベラルではなく、右派で愛国的な人たちでした。

ある時点からは左派リベラルの人たちも批判するようにはなってきましたが、故中川一郎さんや安倍さんなども、この原爆投下の問題には少し批判的なことを言われたこともあります。原爆投下の評価を見ていくと、そこに日米関係における支配・従属性の問題が象徴的に表れていると思うのですが、それについてはどのようにみなさんはお考えでしょうか。

白井　まず日本の政府が戦後、原爆投下に関してアメリカに対して、公式的な形で、公然と批判をしたことがあるかといえば、それはないわけです。一度もありません。それはなぜかといえば、畏れ多くて言えないということです。左派の側は左派の側で、共産党がソ連にべったりだったときには平和のための核兵器などという滅茶苦茶な論理を考え出して、わけがわからなくなっていた。結局、日本における核兵器批判は、それこそ広島における記念碑の「過ちは繰り返しません」という意味不明、曖昧な言葉でしかないということです。

木村　主体が見えない。

白井　結局のところ、まったく総括できていないというのが現実で、とにかくあれは悲惨だった、ひどいことだった、だから二度と繰り返してはいけませんと念仏みたいに唱えるだけという、政治的には極めて意味のないことを繰り返してきた。その虚飾というものが、ここ最近、さすがに剥がれ切ってきているのではないかという気がしています。

例えば二〇一五年の八月六日に安倍首相が広島に行ってスピーチをしたけれど、非核三原則に言及しなかった。それがけしからんということになって、八月九日長崎では非核三原則に言及をしたということがありましたが、これなど本当にいい加減で、もはやしらじらしくなっている。非核三原則なんて守られていないということはもう周知の事実であって、いまさらそんなことを言おうが言うまいが現実には何の影響もないという非常にむなしいことになっています。

また二〇一五年五月ですが、安倍さんが訪米したときの議会演説の中で非常に象徴的なことがありました。戦後日米の和解ということをテーマに話しましたが、あれだけのひどい殺し合いをやった両国民が友好国になって、深い友情を育んで今日に至っているという主旨です。そんなに美しい話かどうかは疑問が残りますが、一応、友好国になったということは事実ですから、そこは認めるとしても、その演説の中で太平洋戦争の激戦地をいくつか挙げたわけです。その中でパールハーバーとバターンを挙げました。重要なのはパールハーバーとバターンというのは、アメリカの一般的な人たちにとって、日本は戦後に友好国になったがいまでもあの戦争において納得していないという部分であることです。

そのパールハーバーとバターンに言及する一方で、ついに広島、長崎には安倍さんは言及しなかった。言うまでもなく、平均的な日本人にとって、広島と長崎はあの戦争において、いまだに納得がいっていないという部分だと思います。ですから本当の意味での和解と言うのだったら、パールハーバー、バターンだけではなく、広島、長崎も言うべきだった。

木村　そう思います、東京大空襲もそうでしょう。

白井　ええ。そう考えたときに、こういったところに日本の権力中枢の原爆に対する本音というのが実は見えていて、それは『「戦後」の墓碑銘』（金曜日）にも書いたことですが、彼らは本当に原爆投下を批判する気持ちなんていうのは実は一切ないのです。

結局、アメリカが原爆投下を決行するに際して、冷戦構造でソ連を封じ込めたい、圧倒的な優位を誇示したいというのが、いろいろな動機がある内での最大の動機だったと思いますが、その冷戦の構造において日本はアメリカ陣営に入れてもらうことによって後には冷戦の勝者となり、それによって敗戦の否認を完成させていくわけです。ですから戦前、戦中、そして戦後に続いていく日本の保守エスタブリッシュメントの支配層にとっては、原爆投下というのは素晴らしいことだったということになるわけです。なぜなら、原爆によって戦争が終わったという形になったことで、ソ連が日本の戦後処理に介入できる余地が大きく削がれたからです。

だから本来だったら恨むはずですが、実は感謝しているという話です。原爆を落としてくれてありがとうと思っているのが、日本の権力中枢の本音なのです。その連中が口先では非核三原則を堅持しておりますと言っているわけですが、そのような政治に七〇年間だまされ続けてきた日本国民というのは、どれだけお人好しなのかということがいま明らかになってきている時代だというふうに僕は見ています。

木村　鳩山先生の祖父であられる鳩山一郎先生は、このような日本人として言うべきことを、戦後間もないころに言われていますが。

鳩山　早いですよね。敗戦後一ヵ月ですから。国際法にももとる戦争犯罪であるというようなことを言ったわけですから、それはそれなりの勇気がなければできなかった発言だと思います。当時の保守層の一人として、ある意味で右寄りの人間で、そこまで言っていた。それがいまは、まったく言えなくなっているというのは情けない話だと思います。この発言は、祖父としての本音だと思いますが、ただそれによってアメリカににらまれてしまう。その翌年の五月に、公職追放になってしまいます。ある意味でこの発言が、その一つの引き金になっていた可能性はありますね。ただそれが原因となって、その後、なかなか原爆批判ができない状況になっていったのではないかと思います。進駐軍が駐留しているというアメリカの支配のもとで、勇気を持って発言することができない状況があったのは、その時代の雰囲気だったと思います。ただ、それと最近も、原爆批判を言えなくなったというのは、また別の理由であると思います。

それはやはりアメリカの核の傘の下にいるからという理由でしょう。しかし、核の傘の中にいるから原爆投下の批判ができないということを考えると、先ほども述べたように核兵器を持っていることが決して抑止力にもなっていないのですから、核の傘の下にいるから安心だということでは決してないし、逆に言えば核の傘の下にいる必要もなくなってきていると思います。それならば、核の傘からどのようにして出るかを考えなければならないと思いますし、我々が自立し、アメリカの核の傘から外に出る行動をとれば、原爆に関してより正面から、ものを言うことができるようになるのではないかと考えます。

白井　確かに核の傘に深く依存している限りは負い目があるから批判できないというのは、まさにそのとおりで、そう考えた場合にアメリカの核の傘というものを抜きにしても、ちゃんとやっていけるのだという状況をつくっていけば、そこは変わってくるわけです。しかるべき批判もできるようになってくるということですね。

鳩山　日本がアメリカの核の傘から外に出てより自立していくことが、日本の軍事力を高めることを意味するとは思っていません。ちゃんとやっていける状況というのは、対話と協調の外交力を高めることだと考えます。

第4章

沖縄から見えてくる日米関係の核心

日々、遺骨収集が続けられている沖縄の現状

木村　いま沖縄は、軍事安全保障というよりも民主主義の最大の焦点、最前線の場になっていると思います。とりわけ辺野古新基地建設をめぐる状況は現場での非常に深刻な対立、衝突も起こっており、沖縄県と日本政府も裁判闘争という新たな段階に入っています。そうした中で二〇一五年一一月二八日に琉球大学で開かれた日本平和学会では、鳩山先生がシンポジウムに出席され、その後辺野古ゲート前の集会にも参加されて、激励メッセージを発していただきました。白井先生にも一二月九日、琉球新報社の講演会に招かれて来られた翌日、辺野古ゲート前の抗議集会に合流してもらい、魂の入った発言をしていただいたという経緯もあります。

そこで、現地の状況を肌でお感じになられているお二人に、沖縄の問題、特に辺野古問題についてお聞きしたいと思います。

鳩山　いま、木村先生から平和学会のお話がございましたが、私は辺野古に伺った翌日、

数時間ではありますが、宜野座に行って遺骨収集をさせていただきました。遺骨収集作業のお手伝いをしながら、初めて沖縄の方々の気持ちが少し、その原点がわかるような気がしました。

というのも、翁長知事が常におっしゃっていますが、沖縄は自ら進んで基地を提供したことはない、常に銃剣とブルドーザーでやられたのだということです。私は遺骨収集作業のお手伝いをすることで、ご遺骨になられてしまっている方々が、いまだに多く沖縄では眠っているということを知らされました。しかし国のほうとしては、遺骨収集はすでに終わったとしていて、何も関わっていないのが現状です。

戦争で沖縄がやられる直前、沖縄の方々は南部もそうですが、特に北部に逃げ、そこで集団で生活をされていた。ところが、米軍に捕まり、強制的に収容されました。その強制的に収容されていた中でも、相当、多くの方が亡くなっていったという話を伺いました。その集団で亡くなった方々は、共同墓地のようなところに仮に埋葬されているということです。そのような戦後の状況、沖縄の人たちの意思が顧みられない中で、米軍は沖縄の人々の土地を取り上げ、そこを基地にしていったのです。その人たちの嘆きや苦しみ、涙を、遺骨収集をさせていただく中で、少しでも理解することができるのではないかという気持ちで遺骨収集をさせていただきました。

当然、掘ればすぐにご遺骨が見つかるという状況ではありませんでしたが、国もまったく関わらない中で毎日、三人から五人ぐらいの方たちが宜野座の海岸に穴を掘ってご遺骨を探しておられる姿を目の当たりにし、なぜ国が国の責任においてしっかりと手伝わないのかと感じ、いたたまれない思いになりました。そのような方たちの、ボランティアでがんばっておられる姿に接し、沖縄が基地化されていく過程の中での痛切な沖縄県民の叫びみたいなものが聞こえてきたような気がしたのです。ですからこれからも、こういった遺骨収集には何らかの形で携わっていきたいと、私は思っています。

（本書のこの鼎談のあと、ようやく戦没者の遺骨収集の推進に関する法律が制定されて、遺骨収集が初めて国の責務と位置づけられたことは喜ばしいことでした。これによって、海外や沖縄での遺骨収集作業が加速されることを期待します。）

私が沖縄のことに関わるようになったのは、さほど古いことではありません。民主党になってから何度か沖縄に行くたびに、沖縄は地政学的な素晴らしい風土があるにもかかわらず、もっとも発展の基盤となるべき地域が、ほとんど基地になっている。この異常さが内地にいる人には、ほとんど理解されていない。私も勉強不足だったことも事実ですが、初めて沖縄に行ったときにたいへん驚きました。そしてそのとき、この人たちのために何か政治家ならば関わらなければならないと決心し、沖縄ビジョンを党として検討して発表し、在沖海兵隊基地に関しては、まずは県外への機能分散を模索し、戦略環境の変化を踏まえて、国外への移転を目指すこととしました。いわゆる「最低でも県外」の考え方です。

ただ残念ながら、二〇〇八年の沖縄ビジョンにあった「最低でも県外」は、二〇〇九年の民主党の政権交代のマニフェストの中には取り入れられませんでした。しかし私は自分の意志で、選挙応援で沖縄に来た際に、「沖縄のみなさん方の総意が、そこにあるとすれば、私としてはできれば国外、最低でも県外を目指していきたい」と申し上げ、沖縄の支持者の方々からたいへんな喝采をいただきました。

しかし、民主党の多くの、特にマニフェストをつくった人たちからすれば、それは言い過ぎた言葉だ、できないことを勝手に言うなという思いがあったのではないかと思っています。その後、私が総理になってからも、普天間移設問題でなかなか明確に私に協力する民主党の仲間たちが見つからなかったのは、そこに原因があったのかもしれません。沖縄県民の総意、全員ではありませんが多くの心が最低でも県外にあったことは事実だと思いますが、私は残念ながら総理のときに結果的に、辺野古に回帰してしまった。このことが沖縄県民の怒りを買い、その怒りが今度は逆に決して辺野古には基地をつくらせないという大きな運動にもなっていったと理解しています。

そのことを考えたとき、総理のときに果たせなかった沖縄県民に対する公約を、自分としてはもう一度、総理でも国会議員でもない一人の人間ですが、関わっていきたいと考えています。たいへんありがたいことに翁長知事は非常に強い意志で辺野古には絶対に新しい基地をつくらせない、もともと沖縄は自分たちの意思では基地をつくらせていないのだから、それは絶対に守るという強い信念で行動されています。今後も相当、厳しい国との戦いになろうかと思いますが、私としては徹底的に沖縄県民の側に立って行動してまいりたいと思っています。

本土の日本人がすでに気づかなくなったアメリカの二面性

白井　まず何とかして変えていかなければならないのは、この沖縄問題に対する本土の関心の低さと認識のレベルの低さです。この本の出版自体が、それを是正する一助になればいいとも思いますが、他方で自分なりに啓蒙活動をしていくことも重要だと思っています。ただこれまでも、もちろんいろいろな方々が沖縄問題の重要性について啓蒙活動をなさってきましたが、いかんせん残念ながら状況が変わらないというのが現状です。

大雑把に言って、本土の日本人のおおよそ半分は沖縄の問題に関して無関心です。残りの五〇％のうちの半分は、ある種の同情の気持ちを持っている。申し訳ないとか、かわいそうだといった気持ちを持っている。あとの残りの半分はどうかというと、こちらはかなり明確に差別的な気持ちを持っている。要するに沖縄が貧しいのは本人たちが怠け者だからだ、どうせろくな産業もないのだから基地があってありがたく思えというような、まったくもって差別的な感情というものをあらわにしている人もいま出てきている。

整理すると、五〇％は無関心、二五％は同情、二五％は差別というのが、日本国内の世論の傾向だと思います。そのうちどれが一番ましかと言えば、同情が一番ましだということにはなりますが、しかしながら同情は他人ごとでしかないのです。沖縄の問題は他人ごとではないのだという認識が、まだまだ全然広がらないから、このような惨状にあるのだろうと思います。

それでは他人ごとではないとはどういうことかと言えば、まず、沖縄が苦しんでいる、そして本土に対して訴えかけていることの中核には、やはりアメリカの暴力性というものがあり、それにいまもさらされているのだという点を理解しなければならない。

まず本土では本土決戦が行われなかったのに対し、沖縄では地上戦が行われ、そのあと本土ではGHQによる間接統治になりますが、沖縄では直接軍政となり、サンフランシスコ講和条約でも沖縄はそのままの地位に留め置かれ、軍事占領が続きます。そして日本復帰をしますが、実質的には軍事要塞化されているということは、まったく変わらず今日まで推移してきています。要するに、ずっとアメリカの暴力というものと本土とは違った形で、いわば直面させられ続けてきたわけです。

それに対し、本土はアメリカの暴力性というものを、うまく回避する仕掛けをつくってやってきました。戦後、アメリカと日本の関係は当然、いろいろな意味で深くなっていきますが、その際に二つの側面があったと僕は思っています。つまり一方には暴力としてのアメリカという側面です。それはまさに、あの戦争でもって日本を打ち負かしたところの暴力ですが、もう一方の側面は、文化としてのアメリカというものがあるわけです。それはAmerican way of life、たいへん豊かな、当時の日本人にとっては夢のような生活、それからたいへん明るいポップカルチャーであり、こういったアメリカンカルチャーの総体です。もちろん戦前から、ある程度の流入はありましたが、やはり戦後、規模を変えて怒涛のように入ってきたわけです。

一方には、象徴的に言えば海兵隊としてのアメリカがあり、もう一方にはディズニーランドとしてのアメリカがあるという状況があるわけです。本土の場合は暴力としてのアメリカというのは、ある時期まではよく見えていました。本土にも米軍基地はありましたから、例えば砂川闘争のような形でその問題が表面化もしました。ですが、まさに砂川闘争のようなことを積み重ねていった結果、本土の米軍基地というのは、どんどん沖縄に集中していきました。

そうなっていくと、暴力としてのアメリカを本土では見なくて済むようになるわけです。

実際は依然、アメリカは暴力的で、第二次大戦後もいろいろな戦争をやり続けますが、本土の日本はアメリカに対し、おとなしく言うことを聞きますから、よそへ行って暴れてきてくださいという形でアメリカの暴力性を巧妙に回避し、ディズニーランドとしての、いわば明るくて楽しいアメリカだけを消費できるという仕組みでやってきたのです。

ところがいまアメリカの暴力性というものが、それこそＴＰＰが一番典型的ですが、日本に対してふたたび差し向けられているのです。日本を打ち負かしたところのアメリカの暴力性が、ふたたび日本に向けられてきている。しかし日本は、そのことを全く直視できないわけです。いままでずっとやり過ごしてきて身をかわして、よそへ行って暴れてくださいい、こちらはおとなしく言うことを聞きますのでという態度をとってきましたから、あの暴力がまたこちらへ向けられるかもしれないということが想定外になってしまっているのです。

ですから沖縄というのは、まさに例外なのです。ずっと暴力としてのアメリカと対峙させられ続けた。例外であると同時に、また日本がアメリカの暴力をかわすときに、うまくかわしつつ、それでいてアメリカに留まってもらうようにする際には、まさに沖縄への基地集中が必要だったわけですから、例外であると同時に、まさに日本の本土のこれまでのあり方、永続敗戦レジームを成り立たしめる極めて重要なファクターが沖縄であったということです。これが私が考える沖縄の基本的な位置づけです。

このことがわかれば、これは他人ごとではないということが即座に理解されるはずなのです。いま問題になっているのは、まさに沖縄がずっと苦しんできたようなアメリカの暴力性が、こちらへ向けられつつあることです。それに対抗しなければいけない、抵抗したいけれど、しかしながら軍事力で対抗するわけにはいかないわけですから、非常に知恵を絞って何とかして抵抗しなければいけない。

だから、まさに沖縄が、これまでどういうことをやってきたかということは、見習うべき点がたくさんあるはずです。それなのに、見習うどころか、沖縄の連中というのは怠け者だから現状は仕方がないというようなことを言う人もいますが、本当に愚論です。そこに、自分たちのことが何も見えていない無残な日本人のありさまがあるわけです。非常に示唆的なのが、普天間基地を閉鎖した暁には、その跡地をディズニーランドにするというふうな話があることです。あれは誰が言い出したのか。たぶん東京の政府の誰かだとは思いますが、そうやって、いわばアメとムチの政策で辺野古に基地をつくらせる代わりに、ディズニーランドが来ると言っている。ディズニーランドとしてのアメリカというものをここに置けば、沖縄の連中もそう遠からず、みんなだまされていくであろう、アメリカというのはやはり楽しいものじゃないか、いいものじゃないかということになっていくだろうと高をくっているのでしょう。

安保法制の議論とリンクすることで、他人ごとではなくなった沖縄問題

木村　僕は沖縄の基地問題とは何かというときに、軍事安全保障の問題として語られることが多いのですが、いまはそれだけではなく、人権問題としての沖縄問題という視点が一番重要な問題としてクローズアップされていると考えています。

翁長知事が国連の人権委員会で、沖縄の人々の人権がないがしろにされている、あるいは辺野古新基地建設を政府が法の支配にも反する手段で強圧的にやろうとしており、まさに「強権極まれり」だと批判をしていますが、これらの発言が問題の本質を突いていると私は考えています。

鳩山政権が沖縄県民の民意に応える形で、すでに日米で合意されていた辺野古案ではなく、できれば国外移転へ、そして最低でも県外移設という方向で模索をした。これは非常に画期的だったと私は思っています。最終的に挫折するに至ったということは非常に残念であり、沖縄県民も、その当時は強い怒りを鳩山政権、鳩山首相にも向けられたと思うの

ですが、その後、その間のさまざまな経緯がウィキリークス、その他の情報などで明らかになるにつれて、沖縄の人々の鳩山先生への評価も好意的なものに変わっていったと思います。先ほど鳩山先生のほうから最後まで公約には盛られなかったけれども、選挙の応援演説でご自身がこの問題を発言して一つの公約的なものになっていったというお話がありましたが、鳩山首相は本当に普天間基地問題は沖縄県の民意に沿う形で最後まで動こうとしていました。しかし、残念ながら鳩山政権の中でそのように考え、実際に動いていたのが早い段階から鳩山首相お一人だけになっていたということが、非常に大きな問題であったと思います。

政権交代前からこの沖縄の問題で鳩山先生のお考えに民主党内で賛同する人たちがあまりおらず、政権交代直後にはすでに、辺野古案を動かさない方向に変わっていったと聞いています。当初は二〇〇九年一二月までに結論を出すということで動きかけていたものを、もっと努力しなくてはいけないということでそれに待ったをかけ、翌年二〇一〇年五月まで延ばしたのは、やはり鳩山首相個人の決断であったともお聞きしています。五月末で期限を区切る必要はなかったのではないかという指摘もありますが、いずれにしても、そのような形で最後まで努力されたのは鳩山政権の中で鳩山首相ただ一人だったということが何を意味するのかもこれから問われなければならないと思います。

そうした中で沖縄では、新崎盛暉先生の本の題名にもなっている「構造的沖縄差別」という言葉が、鳩山政権が挫折して退陣したあと定着し、その後、沖縄の自己決定権、あるいは沖縄独立論の台頭へとつながってきています。いま、翁長知事を先頭にオール沖縄で県外移設という一点で沖縄が一体化していった契機が、実は鳩山政権、鳩山首相が打ち出した辺野古ではない解決策の提起でもあったということで、いまの沖縄の人々は本土の雰囲気とは違って非常に鳩山先生に対して温かいまなざしであると思います。ある人などは沖縄県民にとって鳩山先生は恩人である。自分たちの一番大事な問題を最初に提起し、きっかけを与えてくれた恩人であるとまで言われているような状況もあります。

その鳩山先生が首相を辞められたあとに東アジア共同体研究所を立ち上げられ、琉球・沖縄センターも設置されて何度も沖縄にも足を運びながら新しいアジアへの展望を提起されている。そして普天間基地問題の解決は国外移設しかないということも明確に言われているということは、非常に大きな意味があるのではないかと思っています。

鳩山　先日、平和学会でお話をさせていただいたときに、琉球大学の親川志奈子さんから言われたことがいまでも忘れられません。私は北海道が選挙区だったものですから、アイヌの先住民としての権利が認められるようにずいぶん働きかけておりましたが、その私に彼女は「鳩山さん、おかげさまでアイヌの先住民としての権利が認められ、そのことはアイヌの方々にとっては朗報にはなったのでしょうが、なぜそのとき、鳩山さんは琉球民族に関してまで言及しなかったのですか」とおっしゃられました。こう言われて、私も自分自身の配慮の無さ、知識の至らなさを反省いたしました。北海道を中心とするアイヌのことに関わっていたのですから、いまから考えれば、琉球民族の先住民族性に関しても言及することが当たり前だったのでしょうが、それができなかったことを反省しなければなりません。しかし、それぐらい琉球民族に対する差別、まさに構造的差別意識、あるいは意識さえしていないというところが、ずっと本土の人たちにはあるのです。その差別意識がいまのような状況を平然と、つくり上げてしまっているのです。

多少、変化があるとすれば安倍総理のおかげで、安保法制の議論と沖縄普天間、辺野古の話がかなりリンクしてきて、安保法制は、まさに白井さんがおっしゃったように人ごとではなく、特に若い人たちが将来、自分たちが戦争に行かされる可能性があるかもしれないと、相当、自分の問題として捉えるようになってきた。そのため、私は反対だと勇気をもって強くメッセージを出す方々が増えてきているのでしょう。安保法制の議論、集団的自衛権の議論と普天間の移設の議論が、かなり同時並行的に進み、同じ安全保障の話だということで、沖縄に対する多くの国民のこれまでの無関心が、これは少しは関心を持たざるを得ない話になってきた、というところまで来ているのではないかと私は思っています。

ですから諦めるのではなく、まさにTPPの問題も同様だと思いますが、そういったアメリカの暴力性と白井先生はおっしゃいましたが、それに対して戦うための、共闘をいかに実現していくかということが重要です。これまでは共闘などまるで不可能な状況でしたが、安倍政権のおかげといったら変ですが、いま、ある意味、共闘ができる環境が少しずつ整いつつあるのではないかと思っています。どうやって、今後、それを実現していくかです。

いま現在、翁長知事は沖縄の独立というところまでは、おっしゃっていませんが、例えば国と県の裁判での争いという話になると、安全保障に関する裁判というのは、裁判所もなかなか結論を出さないでしょうから、沖縄にとって決して有利な環境になるとは思えない。

もし裁判で国が勝ち、辺野古の埋め立てが暴力的に再開される事態になると、私は沖縄県民の心の中で、ここまで国によって県が蔑まれるような状況が続くのならば、これ以上我慢はできない、自ら立ち上がるのみだと、独立志向の機運が高まってくるのではないかと考えています。そういった強いメッセージを沖縄が出すようになれば、イギリスのスコットランドの独立問題は、まさに他山の石としてそれが日本すなわち、沖縄でも起きかねないという雰囲気が本土の人にも伝わるはずです。そこで初めて本土の人たちも無関心でいることができなくなり、やはり一緒に日本の中でやっていこうではないかと、沖縄の人々に働きかけてくる環境が生まれてくるのではないかと思っています。

ありがたいことに、沖縄のみなさんは本当に優しいです。私が総理のときに「最低でも県外」を守れずに一番怒った方々が、いま、一番優しいです。それは裏返して言えば、いままで沖縄の人々の気持ちを理解しようとした指導者がいかに少なかったかを意味します。それだけに私は、総理時代にできなかったことを、少しでも前進させたいと願っています。東アジア共同体研究所に琉球・沖縄センターを構えたのもその理由からです。

沖縄の独立が現実味を帯びたとき、本土の日本人は目を覚ますのか

白井　近年、本土でも政治意識の強い人たちが、ついに沖縄問題の重要性ということを認識し始めたということはあると思います。その意味では、無関心というのは少しずつ薄れてきている。しかし大衆レベルではどうかと言えば、まだまだだというのが私の実感です。

先日、沖縄に行っていろいろな方々とお話をして得た印象では、翁長氏当選から現在までの期間というのは、言ってみれば沖縄の人たちが日本という国の民主主義に対して懸けていた最後の期待が、ついえていく、消え去っていく、そういう時間だったということです。

つまり、まずは翁長さんが仲井眞弘多さんを下して当選したという時点で、こういう形で民意が示されたわけだから、日本政府だって、少しは何か考えざるを得ないだろうというふうに思ったが、何も変わらない。「粛々とやります」の世界ですね。そこで、非常に時間をかけて丁寧に準備をし、差し止め、建設許可取り消しをやりましたが、これまたト

リッキーな手段によって国は建設を続行するという手に出た。

ですからもう、どうしたらいいかわからない。何をしても東京の政府は、まったく聞く耳を持たないということが明らかになって、つまり日本は、一応、民主主義国家ですから、これだけの声を上げて首長を選ぶという形で意思を表示したということであれば、何らかのリアクションというのがあるだろうと思っていたのに、なかった。そこに対する一つのショックが広がっているということです。ただ私から見ると、それはそもそも期待するほうが間違っていたのではないかと言いたいところでもあるのですが、やはり三・一一以降、日本の戦後民主主義の地金みたいなものは、もう、はっきり姿を見せてきたわけで、沖縄がどれだけ一生懸命、意思表示をしようが、いまの安倍政権は、そんなもの、まったく聞く耳なんか端から持っていないというのは、私は最初から明らかだっただろうと思うのです。

とりあえず、これだけ正当な手続きを踏んで、やめてくださいということを言ったのに聞いてくれませんでしたという手続きを踏む必要はあったのでしょうから、いま、その手続きが着々と踏まれているということです。しかし結局、国はもちろん聞いてくれないわけで、それは鳩山先生がおっしゃったように、裁判で争うといっても最終的には、これは統治行為論※5で逃げるという手もあるわけで、見通しは決して楽観できません。いま、裁判所の和解勧告によって、ひとまず国と県がもう一度話し合うということになったわけですが、これも奇妙な状態です。話し合いで妥結できなかったからこそ、法廷に持ち込まれたのですから。いったん工事が止まったことは、確かに沖縄側の運動の成果であることは間違いありませんが、和解勧告の内容は玉虫色であり、最終的に国を勝たせるためのステップにすぎないという解釈も成り立ちます。もしそうした展開が現実のものとなるならば、沖縄としては結論はやっぱり独立に行くしかないということに、なってくるだろうと思うのです。

私は独立を目指すのか目指さないのかということは沖縄の人自身が決めることであって、私がどうするべきだと言う筋合いのことではないと思っているのですが、しかしながら心情的に言えば、独立論というものが出てくるということに対しては、やはり応援したいという気持ちはあります。このような状態を長年、押し付けられていれば、もう、この国から離脱するという考えに沖縄がなっても、これは致し方のないことだと思います。本当にこれでいいのか、ということが日本人に対して突きつけられることになってきているのだと思います。

そのくらいのショックを突きつけられないと、いまの日本人は再生できないかもしれない。ある意味私は、沖縄独立問題でショックを受けて再生できるのであればまだましで、日本人のいまの病状というのは、その程度でも、まだ全然、治らないと思っています。ただし、これが一つのきっかけになればいいとは思いますが。

木村　僕は沖縄問題を考えるときに日本が本当に戦後、民主主義国家あるいは独立国家であった試しがあるのかという根源的な問いが突きつけられているのではないかと考えています。沖縄は日本の国内植民地であり、その一方で、沖縄はアメリカの軍事直轄植民地でもあるということです。日本がアメリカの属国ということであれば、沖縄というのはアメリカと日本本土の二重の植民地支配下にいま、置かれているのではないかということです。

基本的に構造としてそのような状況がある中で、二〇一二年以降の欠陥機ともいわれているオスプレイの強行配備に続き、いままた、辺野古の新基地建設があらゆる手段を使って強行されようとしています。そして、さらに日本国憲法、平和憲法さえもこれから変えられようとしているというときに、現時点では政治的な選択肢として、まだ少数派にすぎない独立を主張している人々の声が次第に広がっていって、かなり現実的な選択肢として浮上してくることは当然あり得ることだろうと思います。

ただ沖縄県外の日本本土の人間が、苦境にある沖縄からのやむにやまれぬ独立の声や動きを政治的に利用したり、恣意的に介入するようなことがあってはならないと考えています。喜納昌吉さんの「沖縄の自己決定権」という本の中で、鳩山政権のときの副総理だった菅直人氏が、「いや、もう沖縄問題は手に負えない。もう独立したほうがいいよ、沖縄は」というふうに発言したと紹介されていますが、これなどあまりにも無責任な発言だと思います。

僕は沖縄の方は日本人で同胞であると基本的に思っていますし、沖縄が独立に追い込まれないように、その前に日本が真の独立国になることが最優先の課題であると考えています。その点で、この間のシンポジウムで、親川志奈子さんは独立を志向する研究会の有力メンバーの一人でもあるのですが「もし本土の人々が私たち沖縄独立を目指す人々に何か協力をしてもらえるとしたら、それはいまの日本を真の独立国にしてもらうことだ」というみじくも、そのように発言されたことが非常に私の印象に残っています。つけ加えるならばもちろん、沖縄の人々が独立することを決断したときには応援したいという気持ちは僕にもあります。

もう一つ、先ほどから沖縄への差別、構造的沖縄差別という問題も出ていますが、日本本土の人々の沖縄の人々に対する内なる植民地主義の問題についても注目しなければならないでしょう。例えば、日本人の「無意識の植民地主義」という告発が、知念ウシさんや、野村浩也さんなどからも出されています。具体的なレベルの問題として、いま、オール沖縄が県外移設という要求を出していますが、その県外移設には国外移設も含むもので、県外移設＝本土移設という意味合いでは必ずしもないと思っています。ところが本土の人間は沖縄に対して応答責任があるということで、東大の高橋哲哉先生が『沖縄の基地問題―「県外移設」を考える』という本の中で、県外移設＝本土移設という意味合いで、日本本土で沖縄の基地を受け入れるべきだという主張をされています。

それは日本人の植民地主義を告発するという問題提起としては非常に重要な問題提起だと思います。しかし、基地を日本本土に持っていくということが、はたして現実的な選択肢となり得るのか。あるいは、先ほど言った日本本土と沖縄との連帯の可能性、現実性がいま生まれようとしているときに、それにどのような影響を与えるのかという懸念もあります。

鳩山　沖縄県民の方々が結婚するときに外国人と結婚するときは問題ないのですが、本土の人、つまりヤマトンチュの人たちと結婚するときは、けっこう議論になるという話を聞きました。本土が無意識に沖縄を植民地だと思っている可能性があり、だからかもしれませんが、沖縄県民からすると日本本土の人間は外国人よりも距離感があるように受け止めています。そのように沖縄の人に思われているということは、たぶん本土の人たちは気がついていない。同胞だと思っているし、みんな日本人だと思っている。しかし、はたして沖縄県民のみなさんが将来ずっと日本人でありたいと思っているのかどうかはわからないと私は思います。

こういう状況が継続的に続き、いまだかつてなかった基地が自分たちの意志でつくらされるという状況になったとき、沖縄県民が立ち上がる可能性は十分あると思います。もちろん独立運動に対して、こちら側から、しなさいなどと口を挟むことがあってはならないと思ってはいますが、もしいまのような状況が続き、ついに独立の動きが表だってくれば、私も白井先生と同じようにそのような沖縄県民の気持ちが理解できるとは思っています。

※5　統治行為論……国家統治の基本に関する高度な政治性を有する国家の行為については、裁判所による法律判断が可能であっても、司法審査の対象から除外すべきとする理論。

県外移設を断念させた極秘文書は、実は官僚のねつ造だったのか⁉

鳩山　先ほどの普天間基地の移設の問題ですが、私は公約した最低でも県外を実現したいと動いていました。二〇一〇年の四月の一八日あるいは一九日だったか、いわゆる日米の作業部会で交渉してくれていた人たちが米大使館の帰りに私のところにやってきてペーパーを見せてくれたのですが、その書面には「極秘」という判子が打ってありました。

当時私は、最低でも県外の中で唯一残った候補地として、奄美大島の徳之島を検討していたのです。それは、もともとその前の年の一二月ごろから徳之島の青年の方々がやってきて、高齢化が進み、この島は生き残れない、この島を活性化させるためには基地でも持ってきてくれないと、もうどうしようもない状況なのだと訴えられました。それは商工会の若者たちが持ってきた話でしたが、一人の町長も賛成だという話だったのです。ある意味で私にとってみれば、当時とすればたいへんありがたい話であったものですから、これは内密に状況を調べてほしいと思い、いろいろと官房長官に動いてもらっていました。ただ、それもメディアに知られるところとなり、メディアがまた鳩山はこんなことを考えているると、徳之島の人たちにけしかけ、大きな反対運動が起きてしまったわけなのですが。

木村 誰かのリークですね。

鳩山 これはリークだったと思いますが、いまとなっては私は、徳之島に基地が行かなくてよかったと思っています。本当は海外でいいだろうというのが、現在の私の結論なのです。

木村 特に徳之島は沖縄の人にとっては琉球弧《りゅうきゅうこ》に入るので県外でもないという意識があります。

白井 行政単位的には鹿児島県だということなんですよね。

木村 だけど自分たちの身内、同じウチナンチューだと思っている。

白井 僕も徳之島がほぼ唯一の候補地だというニュースに接したときに、正直、せこいと思いました。確かにこれは一応、行政区域としては県外になるが、ほとんど変わらないではないかと。

鳩山 そうです。ですからいまとなっては、そのようなせこい話だとは思っていますが、当時はある意味で、私にとっては正直、渡りに船みたいな話で、みんながノーと言う中で、来てくださいという話があったものですから、それを候補地として考えていました。

木村　最終的に、距離の問題で挫折するのですね。

鳩山　六五カイリ、一二〇キロ問題というのが先ほど言った極秘のペーパーに書いてあって、移設場所は六五カイリより近くでなければ駄目だというのです。沖縄の北部で訓練をする際、海兵隊は一体で行動するので、普天間から移設しても訓練は移設先からヘリで来て一緒にやって、また戻らなければいけない。したがって距離があまりにも長いと現実的に移設は無理だという論理です。極秘のペーパーには、移設場所は米軍からの要求で六五カイリより外であっては駄目で、そのことは米軍のマニュアルにも明記されていると書いてありました。

そこまで言われてしまうと奄美大島、徳之島も六五カイリどころか一〇四カイリ離れているものですから無理だということになります。要するに沖縄の北部から六五カイリで円を描いても基本的に、その中に存在し得る県外の基地はあり得ないのです。

白井　つまり辺野古以外にないと言っているに等しいわけですね。

鳩山　そうです。そういう文面を持ってこられて、これがアメリカ側との交渉の結果からできた文書ですということなのです。しかし最近、川内博史君などが調べてくれていますが、極秘文書なのかどうかという疑いが一つあって、「極秘」と書いてあるのですが、本当の極秘文書であれば当然、貴重な書類ですから、どこかに整理保存されていなければいけないのですが、外務省などどこにも存在しないことがわかってきました。

それから本当に米軍のマニュアルに六五カイリの記述があるのかどうかも、確かではないのです。これはひょっとすると私に徳之島を諦めさせるために、ねつ造された文書ではないかとさえ思うぐらいで、いま、この関係者に聞いても、いまだにまともな答えが返ってきていないという状況なのです。

オスプレイだとヘリの数倍のスピードがありますから六五カイリでなくてもいいと思うのですが、たとえオスプレイが一部導入されても、すべてがオスプレイに代替されるわけではない。となると一番遅いヘリに訓練を合わせないといけないと書いてあって、全部をオスプレイに替えるつもりもないので、一番遅いヘリに合わせるとすれば六五カイリでなければならないと結論が書かれているのです。

いまの政権が、例えば一時、辺野古が完成するまでの間、佐賀空港を使用することを検討しましたが、この距離の制約が事実とすればとてもあり得ないことです。

その他に徳之島では町民の反対運動が激しいので無理であると文書に書いてありました。

◎普天間移設に関し、鳩山総理（当時）に官僚たちが示したねつ造の疑いがある「極秘」文書①

極秘
Ⅱ /0 部の内/0号
指定期間 H27.4.18迄
指定事由 5-③
備考：[redacted]

普天間移設問題に関する米側からの説明

平成 22 年 4 月 19 日

19 日、在京米大で行われた標記米側説明の概要は以下のとおり（米側出席者：ウィルツィー在日米軍Ｊ５部長、ヤング在京米大安保課長、日本側出席者：須川内閣官房専門調査員、船越外務省日米安保条約課長、芹澤防衛省日米防衛協力課長）

1.　距離の問題（「65 海里」（約 120km）の問題）

（１）「65 海里」は、回転翼航空部隊の拠点と同部隊が（陸上部隊と）恒常的に訓練を行うための拠点との間の距離に関する基準であり、米軍のマニュアルに明記されている。念のためこの基準を超える例があるが調べたが、全世界的になく、最も距離のある例でも 35 海里（約 65Km）である。

（２）上記基準は、元々、多目的ヘリの無給油での航行可能時間が約 2 時間であるので、1 時間を任務遂行時間とした場合、残りの 1 時間で航行可能な片道の距離（時速 130 海里(約 241Km)で計算）を基準に算出したものである。仮に徳之島（沖縄本島中北部から約 104 海里（約 192Km））に当てはめた場合、ヘリ部隊の中で最も速度が遅いヘリは UH-1 であり（時速 130 海里(約 241Km))、右はオスプレイに代替される予定はない。訓練のために UH-1 が徳之島から沖縄本島に航行するには約 1 時間必要である。また、ヘリが給油なしで飛ぶのは約 2 時間が限界なので、沖縄本島で訓練するためには給油が必要であり、その場合、給油地は嘉手納飛行場となろう。その際、給油に要する時間は最短で 20-30 分である。その上で、嘉手納飛行場から中部訓練場、北部訓練場への飛行時間は約 15-20 分である。更にその上で、1 時間の訓練を行った場合、沖縄本島から徳之島まで帰るには、再度、嘉手納飛行場で給油を行い、徳之島に飛行する必要がある。その場合、沖縄本島における 1 時間の訓練のために合計約 4 時間以上の飛行を要する。

（３）仮に沖縄本島の訓練場にヘリのための給油施設を造った場合でも、徳之島から沖縄本島までの距離は同じであり、訓練場の給油施設は嘉手納飛行場のそれに比較して小規模となることが予想されるため、例えば、中隊規模の訓練の場合、給油時間が格段に増大する。そのため、いずれにせよ、1 時間の訓練のために合計約 4 時間必要となる。

（４）ヘリ部隊と陸上部隊は恒常的に訓練を共にしなければならない一方、上記のような運用は、陸地のない水域（open water）上を飛行するリスク、パイロットのストレス、機材の摩耗、燃料費の増大のコスト等を考慮しなければならず、全く持続可能ではない。

（５）仮に上記のような状況で訓練を強いられる場合、部隊の即応性の維持に必要な訓練を十分に出来ず、部隊の即応態勢そのものに影響を与える。

（６）CH-46 がオスプレイに代替された場合でも、ヘリ部隊は、通常の場合、輸送機（CH-46、CH-53、オスプレイ）、攻撃機（AH-1）、多目的機（UH-1）が統合されて運用される必要があるため、上記訓練の所要を満たすために、最も速度の遅いヘリに合わせる必

「極秘」文書②

要がある（現時点でオスプレイに代替される予定があるのは CH-46 のみ）。

（７）徳之島とシュワブ陸上部に部隊を分ける考え方に関し、日本側の考え方にあるキャンプ・シュワブに 550 メートルの滑走路を造るとのアイディアについては、ヘリが有視界飛行ではなく、計器飛行を行うためには、オーバーランを含めて 1800 メートルの滑走路を造る必要があり、日本側の考え方に示されたものでは、米軍の運用基準を全く満たさない。仮にこの所要を満たす滑走路を造るとすれば、事実上、徳之島とキャンプ・シュワブに二つの普天間代替施設を造ることになり、日本政府がそれを良しとするのかという問題に加え、米側にとっても距離の問題、運用が複雑化するとの問題に加え、整備支援部隊やインフラが重複して必要となるということとなり、運用上、持続可能ではない。

２．　居住性（livability）

（１）2000 名から 2500 名の規模の海兵隊の部隊（現在の普天間飛行場に所属する部隊と同規模）の海兵隊要員の受け入れのために整備が必要な施設は、軍関係の施設に加え、以下のとおりである。

①医療機関（歯科を含む）
②郵便・銀行・信用組合・売店
③デイケア施設
④映画館
⑤ジム
⑥教会等の宗教施設
⑦学校

（２）これらの大規模なインフラについては、ハード面のみならず、医者・教師等のソフト面での整備も必要となる。仮に日本政府が必要な施設の全てを整備するとしても、上記１．の距離の所要を満たすことはない。また、徳之島という離島の環境を考えると海兵隊要員とその家族の「生活の質（Quality of Life）」が満たされることはない。

３．　普天間飛行場における訓練の現状

（１）現在の普天間飛行場における訓練の殆どは、回転翼機・固定翼機を含めて、現在の普天間飛行場の運用に習熟するための訓練であり（場周経路の習熟、離発着訓練、緊急時対応等）、他の施設で実施可能な訓練の殆どは既に他の施設で実施している。

（２）同時に海兵隊のヘリ部隊はほぼ毎日何らかの規模・形で陸上部隊と統合して訓練を行っており、これらは沖縄本島の中部訓練場及び北部訓練場、キャンプ･ハンセン、伊江島等で行われている。

４．普天間飛行場における訓練の現状

米側より、昨 18 日の徳之島の集会に見られるような地元の反対にかんがみれば、仮に建設工事を着工した場合の地元住民等による妨害等も想定され、政治的に持続可能（politically sustainable）ではないのではないかとの懸念が示された。

（了）

「極秘」文書③

極秘	
I 5 部の内 1 号	
指定期間	H22年4.19迄
指定事由	5-③
備考：[redacted]	

普天間移設問題に関する米側からの説明

距離の問題（「65 海里」（約 120km）の問題）

● 「65 海里」はヘリの基地とヘリが（陸上部隊と）恒常的に訓練を行うための拠点との間の距離に関する基準。

－この基準を超える例は全世界的にない。最大の例でも 35 海里。徳之島と沖縄本島中北部の距離は約 104 海里（約 192Km）。

－沖縄本島での 1 時間の訓練のために、徳之島からは合計約 4 時間以上の飛行が必要であり、陸地のない水域上の飛行、パイロットのストレス、機材の摩耗、燃料費の増大等から、持続可能ではない。

●現在の普天間飛行場のヘリの一部（CH-46）がオスプレイに代替された後も、他の代替されないヘリと統合運用されるので、上記基準は変わらない。

●徳之島とシュワブ陸上部にヘリ部隊を分けるとしても、①550 メートルの長さの滑走路（シュワブ）では運用基準を満たさない、②運用が複雑化する、③整備支援部隊やインフラが重複して必要となるなど、持続可能ではない。

居住性

軍事関連施設に加え、民政関連施設（医療機関・学校等）の様々なインフラのハード面・ソフト面での整備が必要。仮に日本政府が全てのインフラを整備したとしても、上記 1．の距離の所要は満たされない。また、離島では、海兵隊要員とその家族の「生活の質」が満たされない。

普天間飛行場における訓練の現状

現在の普天間飛行場における訓練の殆どは現在の普天間飛行場の運用に習熟するための訓練。他の施設で実施可能な訓練の殆どは既に他の施設で実施。同時に海兵隊のヘリ部隊はほぼ毎日何らかの規模・形で陸上部隊と統合して訓練。（了）

それを捉えて、沖縄タイムスは自分たちは反対運動をしても一切、目もくれないのに、徳之島の場合は反対運動が強いから基地建設は不可能だという論理は何だ、ダブルスタンダードではないかと批判していました。

いずれにしても、この文書自体をもう一度、きちんと出所や、その真偽を確かめないといけないと考えています。

白井　アメリカ側は徳之島というプランに対して、いかなる態度表明も本当はしていないのですよね。

鳩山　私はしていないと思います。外務省がアメリカを利用して、徳之島を諦めさせたのではないかと思います。

木村　そのことについて実は琉球新報が連載してそれを本にまとめた『普天間移設　日米の深層』に、こう書かれています。

「在沖米海兵隊は一三年一〇月、六五カイリの基準について尋ねた琉球新報の取材に対し、『米本国にも確認したが一二〇キロを明記した基準、規則はない』と回答した。在日米軍も同じ認識だ。外務省のものと見られる日米政府の内部文書のとおりに、米側が説明したのかもはっきりしない。

海兵隊関係者はヘリ部隊だけを移す徳之島案は現実的ではないと否定的ではあった。だが鳩山政権が掲げた県外移設の検討に、最後のとどめを刺したのは、実は海兵隊の公式な基準ではなかったことになる。

米軍に基準が存在しなかったことを聞かされた鳩山は『米側が知らなかったのか』と、信じられないといった表情を見せた後、『距離の問題は結局、私にとって、もっとも致命的だった』とつぶやいた。」

こういう紹介をされています。

さきほどの話では外務省に極秘文書というものが正式に残されているかどうかもわからないし、ない可能性すらあるということですよね。

鳩山　ですから極秘文書にも、なっていないということかもしれない。私が外務省官房長に聞いたときの答えは、「確認できない」でした。

木村　であれば外務省などが勝手につくって悪用したということになりますね。

鳩山　それで、もう捨てているのかもしれない。

白井　ほとんど怪文書みたいなものですね。

木村　しかし、そういうもので日本の運命が決められたというのは驚きです。

鳩山　私が申し上げたいのは、この論理でいけば県外移設はあり得ないのです。この手を使えば、県外というのは絶対にあり得ない。あるいは、すべての海兵隊をどこかに移すということであれば可能性はあるのでしょうが、沖縄のすべての海兵隊を移すことは現在は無理ですから、それは、あり得ない。とすれば県外はない。

私は最終的には海兵隊の存在そのものが問題となってくると考えています。国と国との戦いがある意味で古い戦争の時代だとすると、これからの戦争の形態はテロとの戦いであって、相当、形態も変わってくると思います。とすると海兵隊の果たす役割も極めて限定的になるのではないかと思っていて、普天間の海兵隊が縮小され、グアムとかテニアン、ハワイ、あるいはオーストラリアや沖縄などにも、数ヵ月ずついるような、ローテーションを組んで回していくというやり方で、必ずしもどこかに固定するということではない方式も十分あり得るのではないかと思っています。私が申し上げたいのは、中国脅威論から戦争を論じるような時代ではもはやないと考えていて、そういった世界の情勢を踏まえたときに、古い固定観念の中で普天間を閉じたとして、次に県内か県外かどこかに基地をつくらなければいけないという発想そのものが、もう間違いなのではないかと考えています。

木村　在日米軍、特に在沖米軍はもう縮小、撤退の方向に転換しなければならないということですね。

鳩山　私はそういう時代だと思っていますし、その論理を日本としても、あるいは沖縄としても、もっと堂々と出してアメリカと交渉していくべきではないかと思います。

アメリカの意向を装い、自分たちの思いどおりに事を進める官僚

白井　海兵隊員が住民とのトラブルや犯罪を起こす確率が、ものすごく高いと言われています。どうも、海兵隊員の質にかなり問題があって、特にストレスのかかる戦場に送られているという複合的な要因もそこにあるのでしょう。アメリカの歴史においても、海兵隊無用論が何度も取りざたされており、実は廃止の危機をこれまでに何度も乗り越えてきている。ですから、今後、アメリカ本体が、もう海兵隊はいらないという結論に達する可能性だって決して低くはないわけで、やはり沖縄の普天間基地のもっとも望ましい解決というのは単純に閉鎖するということだと私は考えています。閉鎖して、代替施設はなしというふうになることが正論だろうと私は思っているのです。それは決して絵空事ではなく、別にアメリカ自身の国益ということから考えても、そんなに悪い話であるはずがない。したがって、十分これは交渉できる話だと考えます。

ただし問題は、そのときに日本政府に、そのような交渉をする意思がないということで

す。意思がないから、その能力もつくはずがなく、したがって、そういったことを本気で交渉する主体は今後、実は沖縄になってくるのではないかと感じています。もうすでに翁長体制になってから、県レベルでの独自の外交というものにかなり力を入れてやってきてもいます。

木村 アメリカに事務所もつくりましたよね。

白井 そうですね。ワシントンに事務所を置いた。

鳩山 アメリカの識者、あるいは元議員のような方々の中でも、例えばジム・ウェブさんは、基地問題を議論するときは、東京とワシントンだけではなく、沖縄やグアムなど関係する地域も入れて会議を行うべきではないかと主張をされています。いままでのようにワシントンと東京だけで話をすると、日本はアメリカのそれこそ従属国ですからワシントンの言いなりに東京が動く、あるいはワシントンの意を最初に察して、沖縄に居続けてくださいというような話をこちらから持っていくことになります。ただ、そこに沖縄や、例えばグアムとかハワイが入っていれば、そういう議論にはならないわけです。そのような形の議論を起こさないといけないのではないかと考えています。

木村 僕はやはり普天間問題は琉球新報社の世論調査でも出ていたように、一番多かった即時閉鎖から話をはじめなければならないと思います。二番目が国外移設で、三番目が本土移設につながる県外移設でした。

本来ならば、一九九五年の少女暴行事件のとき、あるいは最低でも二〇〇四年八月一三日の沖縄国際大学への米軍ヘリ墜落の時点で、普天間は即時閉鎖にしてキャンプシュワブなり、嘉手納でもいいのですが、臨時に五〇〇メートルぐらいのヘリパッドをつくり、そして大部分の海兵隊を国外移設というか、アメリカに持っていくべきだった。場所はグアム、テニアン、ハワイ、オーストラリア、それはアメリカが決めることではあると思います。当時からも田岡俊次さんや孫崎享さん、政治家では川内博史先生や伊波洋一先生が指摘していたように、アメリカにとっていまの海兵隊は紛争時に最初に殴り込むとか、上陸するといった役割ではなく、特に沖縄米軍海兵隊の任務として考えられるのは、朝鮮半島で何かがあったときに朝鮮半島、韓国にいるアメリカ関係者を救出、脱出させることであり、そのためには二〇〇〇人から三〇〇〇人のユニットだけを残せば済む話だと指摘されています。

であるならば揚陸艦は佐世保にあるので、佐世保の近くに海兵隊はいないと緊急時には時間的に間に合わないので、長崎の大村航空基地（海上自衛隊）と相浦駐屯地（陸上自衛隊）などに分散移転することで、あとは全部国外に移転するということがアメリカにとってもベストであったと思います。しかしそうならなかったのは、六〇年代に立てた辺野古沖への軍港を含む新基地建設案をアメリカがずっと持っていて、それを要求したということではなく、結局は日本側の意向で海兵隊が引き上げようとするのを、何度か引き留めてきた。だからいま、辺野古新基地建設に固執しているのは米軍の一部の中にもそういった人がいるとは思いますが、相対的に見たらアメリカ側ではなくて日本側。日本側の外務・防衛官僚やゼネコンだけでなく、やはり自衛隊が将来の使用を見越して固執していると思います。

長期的にみてアメリカ軍が、とりわけ海兵隊が沖縄にずっといるという必然性がないことは、アメリカもわかっている。長期的にはアメリカには財政危機もあり、海兵隊どころか、海外の米軍基地をどんどん閉鎖していく方向にあります。特に海兵隊については、先ほどから指摘があるように無用論もある中で、むしろグアム、テニアン、ハワイ、オーストラリアに移動したほうが訓練もしやすく、抑止力が高まるのだといったことが、アメリカ軍の公文書の中でも触れられています。それなのに辺野古に固執するのは、問題はやはり日本側にあると私は考えます。

鳩山政権のときに外務・防衛官僚が面従腹背で日本の首相である鳩山先生の意向よりも、アメリカ側の意向を忖度して動いたとウィキリークスなどで暴露されていますが、これは実態としてはアメリカの意向を日本の首相の意向より優先させたというよりも、自分たちの意向をアメリカの意向に見せかけて利用して辺野古案に持っていったのだというのが真実ではないかと思うのです。

鳩山　その件については結果論を言えば、私自身が官僚機構、官僚の人たちをしっかり自分に引きつけ、自分の思いどおりに動かすことができなかったという私の実力不足と言われれば、まさにそのとおりなのです。ただ、この官僚たちの対米従属、あるいはアメリカの意向であるかのように装いながら自分たちの意向で物事を進めていくという構造は極めて根が深く、出世の道もそれによって決まるほどのものでした。したがって新しく誕生した新政権が、いくら国民的な支持、特に沖縄県民の情熱を受けてやろうとしていることでも、そんなに簡単に動くものではなかったということだと理解をしています。まことに沖縄県民には申し訳ないことをしたわけですが、しかし自分としては、やろうとしたことの方向性としては絶対に間違っていなかったのであり、いまの状況を考えれば、本当はもっと米軍の駐留削減を求めるべきときだと思っています。

木村　海兵隊の問題に関しては前泊博盛先生や伊波洋一先生、川内博史先生も指摘されていたのは一万八〇〇〇人いるといわれている海兵隊の数についても何ら根拠が示されていないということです。日本政府は実際に海兵隊が、いつ、どれぐらいの人数が滞在しているかも把握していない。それなのに一万八〇〇〇人という数が独り歩きしています。実際には五〇〇〇人、六〇〇〇人しか常時はおらず、三分の二ぐらいは海外に出払っているということです。これは矢部宏治さんの本の中にも書かれていますが、米軍関係者がいま、日本に何人いるかを日本政府は把握していない。そういう本当に呆れるような植民地状況があります。

鳩山　把握する必要がないというより、把握できないのでしょう。いや、把握しないほうがよいと思っているのかもしれません。

ランド研究所の報告書が発表されましたが、いま、アメリカは尖閣の問題で、中国に対して日本とともに戦うということは考えていないということです。すなわち戦っても中国に嘉手納を性能が抜群に優れてきたミサイルでたたかれたら、数週間、飛行機が飛び立てなくなり、戦いなどできないということです。ですから中国と米国の東シナ海での戦いを想定した場合、中国に対してアメリカは勝つ見込みが薄いということです。

例えば辺野古に、また基地をつくったとしても、そこもたたかれたらおしまいですから、沖縄に基地を新たにつくるということが現実的にもランド研究所の報告書でも意味がないということを、アメリカ自身がすでに発表しているようなものだと私は思います。

木村　それはジョセフ・ナイというジャパンハンドラーの中心的人物も一貫して、沖縄に基地が集中していることによって中国のミサイルの標的になって、脆弱性を強めているので撤退すべきだと言っていますよね。

在日米軍が守っているのは日本ではなく、ごく一部の人の地位と利権である

木村　白井さんにお聞きしたいのですが、白井さんは『永続敗戦論』でも、とりわけ最近、出されて岡倉天心賞もとられた、この『「戦後」の墓碑銘』の中でも書かれているのですが、翁長知事の誕生というのは、永続敗戦レジーム（構造）に対する挑戦の初めての勝利の例であり、沖縄での戦いというのは、まさしく永続敗戦レジームを、あるいは戦後を終わらせるか否かの最前線の戦いだ、そして、沖縄においては戦後レジームからの脱却を唱えている安倍首相政権が、実は死にものぐるいで戦後レジームを死守しようとしているのではないかと述べられていますが。

白井　やはり沖縄というのは永続敗戦レジーム外にいますから、外からは日本の本当の姿がよく見えるのです。ですから戦後レジームからの脱却というようなことを安倍さんが言っているのに対して、中身は大うそだとすぐわかる。それこそ僕に言わせれば、戦後レジームというのは永続敗戦レジームですから、永続敗戦レジームからの脱却というのだった

ら、大いにやっていただきたいと思いますが、安倍さんがやっていることは、その死守です。何が何でもそれを守り抜くのだと言って、がんばっているわけです。

そのことを翁長さんの言葉は、まさに指摘しています。「沖縄については戦後レジームを死守しているように見えます」、とおっしゃっていましたが、あれは沖縄に関してだけではなく、ある意味、日本全体に関して言えることだろうと思います。沖縄においては、それこそ矛盾が集積する場所ですから、それが非常に強い形で現れるということだと思います。

それにしても、先ほど話に出ました九五年の少女暴行事件、その後の沖縄国際大学でのヘリの墜落事故で、実はアメリカも相当な危機感を持ち、在沖米軍基地全体の信用、存続にすら関わる問題であるというふうに認識をしていたわけですから、あの時期に、日本政府がしかるべき交渉をしていれば普天間基地などたぶんとっくに、なくなっているのです。なくなっているはずなのですが、結局、それをしてこなかったからこうなっている。

木村　日本側のやり方次第では、日米地位協定も変えられたと思いますね。

白井　そうです。例えばいま現在、自分がもし政権中枢にいたとしたら何を考えるかと言えば、地位協定の改定を考えますよね。あれだけ辺野古で抵抗が強いということはわかりきっていることで、抵抗が強いがそれでもやると決めたならば、どうにかしてガス抜きをしなければならない。ガス抜きをする最大のポイントは地位協定だろうということで、いま、要するに地位協定をどうにか変えましょうということをアメリカに持っていくと思います。しかしいまの政権は、一切そんなことはしないですね。

そう考えると、これだけ不合理な行動にも原理があることがわかる。唯一原理があるとすればそれは、畏れ多くてアメリカ様には言い出せません、ということだと思います。

木村　鳩山政権というか、民主党では地位協定改定案を一応、つくっていたにもかかわらず、政権交代後に、それを俎上に出すことができなかった。あるいは思いやり予算の削減、縮小。撤廃までは打ち出していなかったと思いますが、その方向性を出していたにもかかわらず、縮小どころか五年間で二〇〇〇億円というものを、三・一一以後、アメリカの「トモダチ作戦」が行われたあとで、一挙に固められるという経緯もあったと思うのですが。

鳩山　いや、思いやり予算は私のときに減らしていなかったでしょうか。確か二〇一〇年は一八八一億円で、ピーク時に比べれば三分の二程度になっていたと思います。ただ、菅直人政権のときに、おっしゃるとおり三・一一が起こり、そのときに五年間その水準を支払い続けることを決めてしまいました。

日米地位協定に関しては、確かに民主党は改定案をつくっていました。そして私が、この作業部会の中でも日米地位協定を改定してくれ、それを俎上に上げて進めてほしいということを言ってはいたのですが、官僚たちが「ここが一番固いんです」、「ここだけは一切、手をつけてはならないと言われました」と必ず帰ってくるのです。本当に言われたのかどうか、いま考えると官僚たちが自分でつくっているのかもしれないという気もします。環境に関して日米地位協定の文言は変えないで、環境問題に配慮するように運用の改善をさせるということなら可能性がありますということでした。これは安倍政権のときにわずかながら、そのような方向になっていったようです。

ですからなぜ、そこまでアメリカが頑ななのかと当時の私は思っていたのですが、いまから思うとアメリカの意向を忖度して、ここは、もう無理なのだから触らないで運用でいこうという話に最初からされていた可能性があると思います。ただ、私自身がオバマ大統領に直接、日米地位協定を改定しようと申したことはないので、直接アメリカの意向を確かめたわけでもありません。まずは作業部会の中でやらせていた話でしたので、その結論が出ないうちに私自身の寿命が尽きることとなり、申し訳なかったと思っています。

木村　九五年の少女暴行事件直後も、実はアメリカ側はたいへんなことになると危機感を持ったようです。地位協定改定もやむなしという用意、準備がアメリカ側にはあって、柔軟であったにもかかわらず、日本の外務省の高官が地位協定改定はあり得ない、運用の改善で対応すると発表したのです。あれも本当に異常な対応でした。

鳩山　そうでしょうね。アメリカとすれば日米安保そのものが、ひょっとして崩れるのではないかというぐらいの危機感を持っていた時機ですから、そのときにこちら側から「日米地位協定を変えてくれ」と言えたはずです。それが、あの結論になっているということは、やはり今回も実際にはアメリカには恐る恐る出したかもしれませんが、ほとんどこちら側からはやる気がなかったから、あのような返答になったことだけは間違いないですね。

木村　出してすらいないと思います。

白井　ともかくアメリカ軍が居心地よく感じていてくださるということが大事なのだ、ということが外務省の根本的な考え方なのでしょう。少しでも不愉快に相手が思うかもしれないことを、耳に届けてしまうことすら畏れ多いと考えている。それではなぜ、そこまでして米軍をもてなさなければいけないのかというと、端的に言えばそれは結局、僕が永続敗戦レジームと呼ぶものの中核的な利権を握っている層というものがあり、米軍の武力がこれのいわば用心棒だからです。

木村　彼らにとって現在の体制、現状を維持するための、米軍は保証、保険ということですね。だから少しでも在日米軍には撤退してほしくないと考える。これは海兵隊の問題に限らず、そういう固定観念、思考停止で、ずっと来ているのだと思います。

鳩山　それはある意味で、矢部さんの『日本はなぜ、「基地」と「原発」を止められないのか』という本の中で触れられている日米合同委員会が、憲法の上に君臨しているという状況そのものだということですね。

白井　結局、だから在日米軍というのは、いったい何を守るためにいるのだろうと考えると、それは世界平和でもなく、日本の安全ですらなく、結局、ごく一部のこのような人たちの地位と利権を守るためにいるのであるというのが究極の答えになると私は思います。

鳩山　そういうことだね。

木村　換言すれば、日本のそういう言いなりになる勢力を守りつつ、日本を永遠に支配、占領するという目的のためだとも言えます。

第5章

いま求められている日本外交とは

東アジア共同体構想において沖縄がもつ大きな役割

木村　鳩山先生は東アジア共同体構想との関連では、どのような位置づけで沖縄を考えてらっしゃいますか。

鳩山　私はとにかくすべての人が平和で幸せになってもらいたい、そのためには戦争のない世の中をつくらなければいけないと考えます。平和な世の中をどうつくり出すのか。軍事力を高めて抑止力によって戦争を防ぐ方法と、対話と協調の外交力を高めて平和を築く方法があります。軍事力の面から考えると、どうしても沖縄が、かつての言い方ですと地政学的な役割を演じなければいけないと言われて、軍事的な要として利用されてきました。

すなわち一般的には、日本における沖縄の役割とは何かというとき、やはり世界はまだ混沌としていて、特に北東アジアには脅威が存在するといった見方から、沖縄の軍事的な必要性が謳われてしまっている現状です。

しかし先ほども述べましたが、いま、近すぎると逆に地政学的にはマイナスだということもあり、この地域で軍事力をさらに高めていくということは非常にナンセンスな話にもなっています。また私は、真の平和は軍事力によってはもたらされないと考えています。

一方、ヨーロッパにおいては、事実上の不戦共同体というものができています。これは私流の言い方をすれば、自由と平等と同時に、自由と平等の懸け橋としての友愛という理念が必要だと説いた（リヒャルト・）クーデンホーフ＝カレルギーが、第二次世界大戦のあと、汎ヨーロッパ主義を唱えたことに始まっています。友愛の理念で汎ヨーロッパ主義を唱え、それがヨーロッパ共同体、さらにはＥＵに結実し、ヨーロッパが現在は不戦共同体として存在しています。

しかし、そもそもドイツとフランスには、長らく対立を続けていた歴史的な背景がありました。そのような彼らを一緒に働かせ、共に汗をかかせるような舞台を石炭、鉄鋼の共同体としてつくりましたが、それがヨーロッパ共同体の前身となったのです。

私はその友愛の理念が、東アジアにおいていまこそ必要なのではないかと考えています。東アジア全体を本当の意味で、不戦の運命共同体として構築することはたいへん意義のあることだと思うのです。

ヨーロッパにはできるが、アジアは国の体制が違うから、経済規模が違うから、宗教が違うから、海に囲まれているからなどと、いろいろとできない理由を挙げる人も多くいます。もちろんそう簡単ではないことはわかっていますが、その構想にある意味、時の指導者たちが共鳴して行動を強めていくことが、地域をより安全、平和に導くたいへん大きな手がかりになると思っています。ヨーロッパは好きか嫌いか、敵か味方かに分ける文化ですが、東アジアは和を以て尊しとなす文化を有していますので、ヨーロッパより共同体をつくりやすい土壌とさえ言えるのではないでしょうか。

そこでヨーロッパにおけるEUを一つのモデルと捉え、当然、通貨の統合まではまだまだ先が長く、そう簡単な話ではないと思っていますが、中国と日本、韓国などが核になって、ASEAN一〇カ国を含めてさまざまな分野で協力を進める東アジア共同体の核を形成したいと考えています。

私は総理になる直前、この考えを『Voice』誌に論文として発表したところ、アメリカ側が反発しているという話が伝わってきました。アメリカ政府の中では日本の新政権は、どうもアメリカにはきつそうだ、せっかくオバマがいま、アジアに進出しようとしているときに、アメリカ外しをしようとしているのではないかと捉えられたようです。決してそのような意味ではなく、共同体といっても古い共同体のような関税の壁が高くて中にいる人たちはいいが、外にいる人たちは不利益を被るといったようなものではなく、もっとフレキシブルでオープンな共同体をイメージしていました。アメリカやロシア、モンゴルなども外そうとしている発想ではなかったのですが、どうもアメリカには、そのように捉えられて必ずしも共感を得られなかった、というよりも、むしろ懸念が伝えられました。

一説には鳩山の政策の中で、普天間の最低でも県外発言よりも、東アジア共同体のほうがアメリカ政府にとって懸念材料だったと言う人たちもいます。それが事実かどうかはよくわかりませんが、そのように受けとめられた節は確かにあります。

しかし現在も、特に習近平主席が一帯一路構想[※6]を出し、ＡＩＩＢ（アジアインフラ投資銀行）を設立し、アジアは運命共同体である、あるいはユーラシア全体が仲よくしなければならない時代だといったメッセージを発しているときに、日本政府は私の退任後、東アジア共同体に言及することをやめてしまいました。日本は何を考えているのだという思いが私にはあります。中国脅威論を唱え、中国、北朝鮮に対抗して軍事力を強化しなければならない、そして集団的自衛権を確立しなければならない、だから辺野古に移設することは必要なのだという議論は、まるで時代に反対の方向性を日本一国だけ、あるいはアメリカと日本だけが打ち出しているように思えてならないのです。

隣国とは仲よくすべきなのです。ですから沖縄を軍事的な要としてではなく、平和の要にしていくべきだと考えています。かつての琉球だった沖縄が、琉球的な生きざまをもう一度取り戻して、東アジアの中の核として、ハブとして行動することが、沖縄の将来によりふさわしい美しい花を咲かせることになるのではないかと思っています。その意味で、東アジア共同体における沖縄の役割というのは極めて大きいと認識しています。

木村　具体的には、鳩山先生が平和学会でも言われたように、東アジア共同体の議会を例えば沖縄に持ってくるといったことなどが挙げられるのですね。

鳩山　そうです。ただ、すぐに議会をつくるというと、たぶん中国などは入らないという話に当然なると思います。EUでも当初は議会の機能が認められず、EU委員会のほうが圧倒的にポジションが高く、ある意味でそこが中心となってEUが進められてきたと思います。しかしそういった経緯を経ながら、徐々にEU議会の役割は認められてきました。東アジアにおいても同様に、政府間のやりとりの他に、一般の民間人がいつもオープンな議論をしているという舞台をつくることが私はたいへん大事なことだと思っていて、将来、東アジア議会と呼べるようなもののプロトタイプを沖縄につくっていくことは、たいへん意義のあることではないかと私は考えています。例えばそれを東アジア会議と呼ぶこととして、東アジア会議では、教育・文化・スポーツ・経済・貿易・金融・環境・エネルギー・医療・防災・安全保障など、あらゆる分野について議論を行うのです。そうすることによって、東アジアが抱えるさまざまな障害を取り除き、紛争を未然に防ぐことも可能になってくるでしょう。

※6　一帯一路構想……中国西部、中央アジア、欧州を結ぶシルクロード経済帯と、中国沿岸部、東南アジア、インド、アフリカ、中東、欧州に連なる二一世紀海上シルクロードからなる新たな経済、外交圏構想。

ソ連崩壊でアイデンティティを喪失した自民党がたどり着いた対中脅威論

白井　東アジア共同体という観念、アイデアが出てきた文脈というのは、やはりEUのヨーロッパ統合が相当進んできたという時代背景があって、それならばそのアジア版を目指すべきではないのかという考えが生まれてきたということだと記憶しています。その当時から少し時間がたち、いま、一歩先を進んでいたはずのEU自体が、とても大きな矛盾の中にさまよいこんでしまっているような状況で、この地域共同体、地域統合ということに関しても、残念ながら世間の関心が低くなってしまったという現状があるように思います。

だからこそもう一度、その理念のよって来たるところをよく考えないといけないと思うのですが、やはり最大の問題は戦争の問題だということです。いかにして不戦の共同体、不戦の仕組みをつくるかということが、結局、EUの最初の動機であり、いかにドイツとフランスを二度と戦争をさせないようにするかというところから始まっているわけです。ですから地域統合の本質的な目標は、やはり戦争の防止なのです。

そう考えるといまの日本の政治は、物事をすべて対中脅威論で片づけようとしていて、東アジア情勢は実は非常に危うい状況になっています。

例えばＴＰＰですが、結局、これはアメリカを利するだけではないのかということが言われるようになってきて、さすがにＴＰＰを擁護する人々も苦しい立場になってきています。これは日本企業がますますグローバルに活躍できるようにするためだなどと言っていましたが、さすがにその理屈がインチキだということを否定できないようになってきました。そして、結局、ＴＰＰとはアメリカのために貢ぐということではないかと批判され、ついには、実はそのとおりだ、しかしいま中国をアメリカに抑えてもらうには、このくらい貢ぐのも仕方のないことなのだ、という理屈でＴＰＰを推進しようとしています。

あらゆるイシューをめぐって、とにかく対中脅威論で押し通そうという傾向がいま出てきている。永続敗戦レジームで続けてきた政治体制からすると、確かに対中脅威論にすがるしかないのです。つまり対米従属している合理的な理由が、冷戦崩壊後存在しないわけですから。

こうして自民党というもののアイデンティティが問われている。自民党には昔はいろいろな考え方の政治家がいましたが、とにかくソ連だけはいかんということで固まっていたわけです。ソ連の共産主義だけはけしからん、あれにやられたら駄目だということでは団結していた。ですから実はソ連崩壊で、自民党も内的原理を失ったということになるのです。ある種、自民党自身もアイデンティティを探す旅に出て、そして安倍さんあたりになって、それを発見したのでしょう。つまり、かつてソ連が果たしていた役割を中国に果たしてもらえばいい、とにかく中国だけはいかんということでまとまっていけば、国民をまとめることもできるのではないかということです。そこにもはや合理性がないわけですから、対中脅威論をあおりにあおるしかないわけです。

あるいは、これはアメリカ側から見ると、民主党による政権獲得は、それこそ鳩山ショックだったわけです。従来の対米従属姿勢を、もうやめましょうということを日本の政界の中核部分が言い出してきてしまった。だからアメリカとしては、いわゆる親米保守派に、すがるしかないわけです。

例えば歴史認識問題などをめぐって、日本の首相がおかしなことを言っていたり、日本会議などの変な団体が政権の熱心な支持者になっていて、何かおかしなことにはなっていても、脱米シフトをとる政治勢力に比べたら、まだましだということで、アメリカは親米保守に頼るしかないのです。

その親米保守が政権の座にとどまり続けるためには、中国脅威論をガンガンあおってもらわなければならないのですが、しかしここに深刻なジレンマがあります。中長期的にはわかりませんが、少なくとも現在においてアメリカは中国と戦争をする気はありませんので、アメリカにとって非常に困るのは、対中脅威論が異常に盛り上がり、本当に日本と中国が武力衝突することです。

しかし、だからといって親米保守派から手を引くと、それこそ鳩山さんのような勢力が政権を握ってしまって脱米シフトになってしまうから、これも困る。対中脅威論をあおっている限りにおいては、日本に武器をたくさん売ることもできるので、そういう意味でもガンガンあおってくれないと困る。しかしいよいよ中国などと戦争を始めてもらっては、在日米軍が何のためにいるのかという本質が問われることになってしまうので困る。このようなジレンマの中で、揺れ動いているというのが現状だと思います。

やはりこれだけ中国脅威論をあおってきて、さらにあおり続けるならば、これは戦争になると私は思います。よく、これだけ人的交流、経済的交流も大きくなっているのだから、戦争など起きるはずもないというようなことを言う人がいますが、そんな議論は一〇〇年も前、第一次大戦の現実によって論破されてしまった話であって、いくら交流があってもやるときはやるというのが国家であり、また政治であるということは重々承知しておかないといけないでしょう。

となると、ある意味、衝突へと現に向かっているとするなら、尖閣諸島でドンパチ程度だったら、まだその程度でよかったという話です。思考実験的に考えていくと、もっと大きな紛争、つまり東アジア全体を戦火に包み込むような戦争になってしまうということだって、最悪の想定として考えておくべきだと思うのです。

例えばどういうことか。これは朝鮮半島の問題がたぶん絡んでくると思います。朝鮮半島を統一したいというのが彼ら民族の宿願であるということは、誰でも知っていることですが、一向に統一の見込みは立っていません。統一は現状では困難というか、何か大きなことがない限り無理だと考えます。現実的には韓国が北朝鮮を吸収合併するという形しかないと思いますが、現状では互いの恨みつらみもたまっていますし、北朝鮮は犯罪的なレジームでありとても納得できない、さまざまな人権抑圧をやった人たちの責任をどう処遇するのだという問題があって、穏便な統合はできそうにもない。

では、どうしたら統合できるか。逆算して考えてみると、日本と戦争をすれば統合できるのです。つまり彼らにとっては、日本からの独立戦争をやりそこなったということがある種、民族としてのトラウマとしてあることは間違いなく、それを回復するということです。韓国と北朝鮮がともに日本と戦争をするという体験をするならば、これによりいろいろな韓国と北朝鮮との軋轢の過去というものは、全部、水に流せます。ですから最悪のケースというのは、アジア諸国の多くの国が連合して、日本を攻撃するというような戦争だって、政権がいまのような方針で突っ走っていけば、私は考えられなくもないと思っています。

そういったことだけは、絶対に避けなければならない。そのためにこそ東アジア共同体という発想を提起しなければならないのだということなのです。

鳩山　東アジア共同体の話をする中でいま、ＥＵは大きな矛盾に直面しているとおっしゃっていましたが、その一つがギリシャ危機のような通貨問題です。もう一つはいまシリアの難民問題ではっきりしてきましたが、国の枠組みを超えて自由往来が可能になったことはよかったのですが、それが行き過ぎて、どういう人間がどこにいるかがさっぱりわからなくなってきているという状況です。我々が東アジア共同体を考えていく中でも、こういう問題は起きかねないことであって、事前に真剣に考えておく必要がある問題だと思っています。

パスポートの問題を考えるときも、より便利にする必要はありますが、もう国境はないに等しいから誰がどこにいるか把握できなくなるという状況は避けなければなりません。通貨の件も、ユーロのような共通通貨をすぐにつくってしまうと、中国や日本と経済力の弱いミャンマーやラオス、カンボジアのような国との間で整合をとることが難しいでしょうから、通貨統合も急ぐ必要がないと思っています。EUの場合はユーロをつくらなければならないといった話があったように思いますが、東アジア共同体においては通貨まで急ぐ必要もなく、戦争を起こさないための運命共同体をいかにしてつくるかに焦点を当てるべきです。あまりに通貨統合を急いで内部矛盾を起こしてしまうと、そのことが紛争の種にならないともかぎらず、そういうことは極力避け、文化や教育、環境、エネルギーなどといった部分の統合を進め、それをやりながら徐々に、お互いがお互いに命を預けているというような環境を知らず知らずのうちにつくっていくような努力をしていくことが大切だと私は考えます。無理に高い目標を、一遍に進めなければいけないという話ではないと思うのです。

白井　同感です。EUがいま急速に支持を失いつつある理由は、直接的には通貨と財政システムの矛盾であり、より大局的には、統合が新自由主義を原理として進められたことです。これを他山の石とせねばならないと思います。

鳩山政権崩壊のきっかけは、普天間問題ではなく東アジア共同体構想だった

木村　先ほど鳩山先生も少し言及されましたが、鳩山政権崩壊のきっかけとなったのが普天間移設の問題であったかのように言われていますが、実はそれ以上に東アジア共同体構想がアメリカにとっては重大な問題で、虎の尾を踏んだのではないかとも指摘されていま す。私も基本的にそのような見方をしていて、それを裏付けるものが、さきほども触れたこの『普天間移設　日米の深層』という本の中にも記述されています。

ここで「東アジア共同体構想への米の不信」という部分を紹介させてもらうと、

「各国の首脳らが集う国連総会で２００９年９月24日、米国家安全保障会議（ＮＳＣ）アジア上級部長のジェフリー・ベーダーは一般討論演説を苦々しく見ていた。登壇していたのは、その日が外交デビューとなった日本の首相鳩山由紀夫だ。

鳩山は高揚感に満ちあふれた表情で『日本が懸け橋となって挑むべき5つの挑戦』を掲げた。最後の一つに挙げたのが『東アジア共同体の構築』だった。アジア太平洋各国にと

って安全保障上の危険を減らし、『経済的なダイナミズムを共有し合う』ことは大きな利益になる、と訴えた。

ベーダーは、その場で周辺に激しい怒りを隠さなかった。鳩山が『東アジア共同体』について発言することを日本側は米側に事前に説明せず、突然演説で言及したと思った。

〈鳩山はこの共同体から米国を外すべきだと考えている〉

ベーダーはこう考え、鳩山の東アジア共同体構想を『最も重大な問題』と捉える」

とあります。

そのあとの部分にも少し触れると、

「09年9月16日の首相就任会見で『決して米国、ドルを除外するつもりはない』と説明したが、その後の日中韓会談などでの発言によって米政府の疑念は募るばかりとなった。

鳩山は相手によって言葉が変わる傾向があり、それに米側が不信感を抱いた。日本と中国が一緒になって『米国外し』をしようとしていると米側は捉えた。そして米政府の彼に対する信用はおそらく失われた。前米国務次官補のキャンベルは、こう振り返る。

鳩山政権当時、日本国内では専ら、米政府が普天間問題をめぐって日本政府に憤慨しているという報道がなされた。だが米政府が当初、最も敏感に反応したのは『米国外し』と映った東アジア共同体構想だった。普天間問題を議論する以前に、米側が鳩山政権に不信感を募らせ、普天間交渉にも影響を与えた可能性が高い」

と、ここまで言及されています。

東アジア共同体構想のコアメンバーをどう考えるかというときに、日中韓の三国あるいはそれにASEANを加えてASEAN＋3にするとか、いろいろな考え方があったのですが、鳩山先生はあえてそれを曖昧にし、限定する必要はないという姿勢でおっしゃられた。しかし、岡田外務大臣が政権交代直後に日本外国人特派員協会で記者団の質問に答える形で「アメリカは正式な加盟国には入りません」と明言してしまった。それがアメリカ外しにとられ、より警戒を強めたということがあると思います。

それから鳩山政権が崩壊したあとにジャパンハンドラーのトップ二である、ジョセフ・ナイ氏とリチャード・アーミテージ氏が書かれた本（『日米同盟VS.中国・北朝鮮』）がありますが、その中で中国の台頭自体はいまのアメリカにとって、さほど脅威ではない。本当の脅威は、その中国が日本と韓国と手を結ぶことであるとも記述されています。それと同時に、九三年の非自民党政権、細川政権のときの樋口レポートを問題にしています。樋口レポートも日米安保基軸論とは少々異なる色合いで国連中心主義や、アジアにおける多国間の安全保障機構の構築なども打ち出していて米国離れを示していた。その背後に、やはり小沢一郎がいたといった書き方もされていて、アメリカにとってこの東アジア共同体構想というのは米国抜きの共同体構想であり、それは絶対許さないという強い意志があったと思います。その東アジア共同体構想つぶしのために経済面ではＴＰＰ、そして軍事面では米日韓三国軍事同盟の構築を急いで、いまここに至っているのではないかと考えます。

そうした中で僕が非常におもしろいと思うのは、韓国はアメリカの圧力があるにもかかわらず、中国とのＦＴＡ（自由貿易協定）を結んでいることです。日本は中国とも韓国ともＦＴＡは結ばずに当初、アメリカとのＦＴＡを目指していましたが、それも実現できずにＴＰＰに入ることになった。韓国はＡＩＩＢにも入っています。日本はアメリカとともにというか、アメリカが入らないので、ＡＩＩＢにも入らないで後れを取ったというような経緯もありますが、韓国と日本の主体性の違いというのはいったい何なのか、そのあたりについても非常に大きな疑問を感じています。

鳩山　もう一つ、クリミアのいわゆるウクライナ問題のときに、日本はアメリカの要請でロシアに対して経済制裁をやりましたが、それにも韓国は加わっていませんよね。ですから米韓同盟をしていても、それなりに韓国は自主性を持って動いているのです。私は、そこは大したものだと思っています。米韓FTAもやっていますが、FTAならTPPと違い、二国間交渉で自国の主張というものがある程度取り入れられるのでまったく否定するつもりはないのですが、日本がアメリカのためにTPPに参加しようとしていくことは、とても信じられない話だと思っています。しかし、そのことに一般の国民はまだあまり気づいていません。

白井　テレビレベルでは要するに牛肉がお安くなりますぐらいの話ですから、完全にこれは白痴化です。他方、パワーエリートのうちの有力部分というのは、ともかく対米従属しかないと考えているのです。

鳩山　TPPの最大の問題はISD条項ですが、この恐ろしさについては大手メディアはほとんど報じませんものね。

ですから私が辞めたあと、「東アジア共同体」と役人が言わなくなっていますが、それは東アジア共同体を俎上に載せること、考えることを完全にビビっているということなのです。間違いなくアメリカの怒りを感じてなのでしょうが、確かにベーダーや、ジョセフ・ナイなどいろんな人たちが怒っていたのは事実だと思いますし、それが辺野古のことよりも、アメリカにとっては基本的な大問題であったのでしょう。なぜならば、それはアメリカの生きざまに大きく関わる話で、辺野古の問題は少なくとも、どこかに決めてくれればいい話、それは日本に任せているのだからどこかに決めてよという話なのです。オバマ自身からも、一度も辺野古にしてくれなどといった要望はありませんでした。むしろ政権交代したのだから、新しい政権は必ずしも前の政権と同じである必要はないのだということは、オバマ自身もわかっているはずなのです。

木村　辺野古問題と東アジア共同体の問題をつなぐ接点として、高野孟さんなどがよく持ち出される有事駐留論、常時駐留なき安保論というものがあったと思うのですが、鳩山政権が発足した早々に有事駐留論は封印したように思います。そのため、あまり表には出ませんでしたね。

鳩山　有事駐留論あるいは常時駐留なき安保論は、実は旧民主党を立ち上げた一九九六年の政策の中に入っていました。それは高野君が中心となって、まとめてくれていたものを党として採用させてもらったという経緯です。

一国の領土に他国の軍隊が居続けていることは極めて歴史的にも世界的に異常なことで、どんなに時間がかかっても他国の軍隊の存在しない環境をつくらなければ真の独立国とは言えないと私は考えています。しかしそれは、一朝一夕にできるものではなく、その中間的な段階として、有事の本当に必要なときだけ米軍に助けをもらうという考え方がありま す。これは虫のいい話ではありますが、有事のときには米軍が自衛隊の基地などを自由に使っていいが、それ以外のときはいないでくれ、我々でこの国を基本的には守っていくから、という発想です。それを常時駐留なき安保と言っていますが、私はいまでも極めて大事なステップだと思っています。

ただ旧民主党が、だんだん数を増やしていく段階で、常時駐留なき安保論が消えていくのです。結局、私どもの仲間の中にも安全保障に関しては自民党とほとんど変わらない人たちが、むしろ過半数ぐらいいる状況になってしまったものですから、その中で消えていったのです。したがって政権交代する頃には、常時駐留なき安保は民主党の党の政策ではなくなってしまっていました。したがって私も総理になって安保政策について聞かれたときに、常時駐留なき安保論はしばらくの間、封印せざるを得ないという言い方をしました。

白井　確かに普天間基地という沖縄の米軍基地全体から見れば決して大きくはない基地、一つを閉鎖することすらできないというのが現状ですから、なかなか常時駐留なきということを言ったとしても、あまりにも遠い話に聞こえてしまうという現実があるのですが、この現実自体が異様なものです。

木村　ただ僕は普天間基地問題を「国外移設、最低でも県外移設」という方向性で模索されていたのは、単に普天間の飛行場問題だけではなく、嘉手納基地や日本全体の米軍基地をこれからどうするかというビジョンの上にあって、そのビジョンの理論的な部分が有事駐留論であり、そして、その先に東アジア共同体構想があるという捉え方をしているのです。

高野さんとお話をさせていただいたときも常時駐留なき安保論は沖縄の大田昌秀県政のときに出された基地返還アクションプログラムと国際都市形成構想という、あのプランから発想をいただいて打ち出しているものであるということを言われていましたし、小沢さんの大久保秘書が逮捕される契機になったのは実はその二、三カ月前に……。

鳩山　第七艦隊。

木村　そうです。第七艦隊だけでアメリカの軍の抑止力は十分だという小沢さんの発言。あれは当時、軍事に素人の発言だということでかなりバッシングされましたが、私は沖縄の普天間というか、沖縄の嘉手納以上に海外唯一の母港である横須賀のほうが重要だとアメリカは考えていると思いますし、ましてや普天間基地ではないと思うのです。

しかし、そういう発言をしただけで虎の尾を踏んだかのように小沢事件が起こされることになったという経緯もあるということで、これは東アジア共同体構想と並んでアメリカにとっては一番警戒している問題ではないかと考えています。

鳩山 先ほどのランド研究所の報告書を見ても、中国と事を構えたら、嘉手納もあっという間にやられてしまうという話ですから、海兵隊だけではなく、米軍が沖縄に存在することはむしろ中長期的な戦略としては危険だという発想に立って当然です。とすれば本当に必要なときだけ来るというほうが米軍にとっても、あるいは米国にとってもいい作戦という可能性はあります。

木村 ある意味、Win-Winの関係といいますか、十分、それで日米安保は持続できる話ではないかと思うのです。ただ、その一方で白井さんが言われている懸念も当たっているなと思っていて、米軍がそうやって出ていったときに日本が戦場になるような形で巻き込まれる可能性もないわけではない。

鳩山 私は少なくとも中国が仕掛けてくることはないと思いますよ。

木村 いや、例えば日本があるとき核武装に走り出して、アメリカも安保を廃棄するような方向で動き出したときに何かあるかもしれない。いま、一番直近で語られているのはオフショアバランシング戦略です。

鳩山　びんのふたが、とれた日本に対してということ。

木村　そうです。日中を軍事的に部分的に衝突させて、アメリカが漁夫の利を得るというのが、いま言われているオフショアバランシング戦略ですが、その先に、そういうシナリオさえあるのではないかと。

白井　しかし、よく考えると、一旦、アメリカは撤退した上で、日本が中国、韓国、北朝鮮等々と戦争に入るというところで、そこで、またアメリカが出ていって米軍も日本をやっつける。それで再占領すると、これで実は一番うまくいくという面もある。

木村　日本側からすれば、最悪のシナリオです。しかしそういう最悪のケースも、私たちは想定しておく必要があるとは思いますね。

鳩山　かつての日本が、ＡＢＣＤ包囲網で非常に孤立をしていき、戦争をやらざるを得ない状況に追い込まれていったのと同じように、いま安倍政権のもとで日本が中国にも韓国にも、ましてアメリカにも好まれていない国になってきているということはたいへん心配なことです。こちら側から何らかの不満が噴き出してしまうと、一挙に、まさに全部を敵に回すようなことになって戦争が起きないともかぎらないのですが、まさか現政権が、そこまで愚かではないとは思いますが。

日本が抱える三つの領土問題の行方

木村　いまの安倍政権からすると、自分たちは集団的自衛権の行使に踏み込んで、日米安保をより片務性から双務性のあるものに変えて対等な関係にし、対米自立を進めるのだといった幻想を抱いていると思いますが、実際にやっているのは対米従属を深めるだけだという白井さんの指摘は、そのとおりだと思います。鳩山政権が目指した対米自立とは違った意味で対米自立的な志向を、例えば表面に出ている歴史修正主義だけでなく、将来の核武装化なども秘めて行おうとしている。これらは安倍流の現代破壊、つまり「戦後レジームからの脱却」であって、将来、先ほど述べたようなアメリカの罠に引っかかってしまう可能性があります。

白井　たぶん、それは世代的にいって安倍さんではなく、その次の世代の政治家ではないでしょうか。要するに安倍さん的なものが、あおりにあおった世論というのは、もう抑えが利かなくなるのです。ある意味、彼らは自分たちの集票のためのネタとしてやっていて、政治利用してきたわけですが、ナショナリズムというのは危険なもので、魔法使いの弟子というやつですね。何か魔物を呼び出してみた。そして魔物を呼び出したのはいいが、今度またこれを箱に納める方法がわからない。そういうものだと思うのです。

木村 そういう意味では、オバマ政権の次に、どういう政権になるのかというのは非常に気になるところです。例えばイラン問題はいま一応の妥協ができて、表立った動きはありませんが、僕はアメリカの中枢で軍産複合体なり、ネオコンなりの意向を持っている人たちがやろうとしていることはロシアとシリアとイランに対するある意味、全面戦争だと思っています。もちろんロシアとの核戦争はできないので、それ以外のプーチン大統領の暗殺や失脚を狙うなどの方法でロシアとはやるのでしょうが。次の大統領にヒラリーがなるのかトランプがなるのか、いまの段階ではわかりませんが、特にネオコンとの結びつきが強いヒラリーが大統領になれば、新たな戦争に乗り出す可能性が非常に強いと思うのです。

そのときに日本はそれに、そのまま乗るのかどうなのかが一番大きな問題で、いまのままだと、安倍政権だったら乗っていきそうですね。

鳩山 ただ一方で安倍さんは日ロ関係で点数を挙げたいと思っていると思います。

白井 そこがまったく首尾一貫しないところです。

鳩山　まったく不思議なところです。しかし、聞くところによると、プーチン・安倍というのはけっこういい関係になっていて、プーチンもわりと安倍を信頼していたという節があって、それをまたいま、取り戻そうと働きかけている。一時、ウクライナの問題で経済制裁に安倍さんが加わったものだからプーチンの信頼を失ったとは思いますが、それをもう一度、取り戻そうという試みが、かなり成功してきているとの情報も聞こえてきます。

木村　本当に成功しているかは別としても、会談の際に駆け寄っていった、安倍さんのあの姿はまさしく関係改善を実は望んでいたのだという象徴的な姿だと思います。北朝鮮との関係改善にも飯島勲さんを使って水面下でやろうとしたのをリークされて、空港でのインタビューでつぶされたという経緯があるのと同じく、ロシアとの北方領土問題も森元首相などのパイプを使って少しでも進めようとしたところ、ウクライナ問題でロシア制裁に加われというアメリカの圧力があって、渋々でしょうけれども、その制裁に加わってプーチンの怒りを買って、関係改善から遠ざかってしまった。

その前に鳩山先生がクリミアに行かれましたが、あのとき政府、与野党ともに鳩山先生にバッシングをしたのですが、実際には鳩山先生も言われているようにロシアとの関係改善をする橋渡しにも結果的になっている。本来ならば安倍さんを側面支援する役割を果たした鳩山先生に感謝してもおかしくないのに、建前上というか、立場上、あのような批判を安倍首相はせざるを得なかったと思うのです。

鳩山　別に政府に言われて行ったわけではありませんが、現在のクリミアの状況は、ドイツやフランスなどはもう終わったことと思っていて、早く決着をつけたいと考えています。パリの襲撃事件もありましたから、ＩＳと戦うという方向の中でドイツ、フランスはロシアとも本当はよりを戻したいと考えている。本音はロシアへの経済制裁も解きたいが、ただ、アメリカが反対する中では言いにくい。私はこういうときに安倍総理がオバマ大統領に対して、ＩＳのことも含めて考えればロシアに対する経済制裁をやめるべきではないかと進言をするべきだと思うのです。少なくとも私ども日本は、経済制裁はやめるぞと言えば、ドイツやフランスも追随してくる可能性はかなりあります。

ただ、それができるかどうか。それができれば、ロシアも、そこまで日本がアメリカに言ってくれるなら、たとえ経済制裁を解くことにアメリカが賛成しなくとも、領土問題を前向きに考えようではないかと、初めて外交で主導権を握れるということもあると思うのです。

白井　実は領土問題に関して、一番解決できる可能性があるのは安倍政権のような政権です。日本が事実上、三つの領土問題を抱えていて、歴史的経緯を客観的に見れば、どれも状況は厳しいわけです。端的に言えば、日本側から譲歩しないと解決しないという状況があり、だから領土問題にかかわることは、政治家にとってかなりリスクの高いことでもありますが、それができるのは右翼であるという評判のある政治家だけなのです。これは歴史上、証明されていることでもあります。

木村 右翼というのはタカ派、強硬派ですね。

白井 そうです。タカ派です。ですからド・ゴールこそが、アルジェリアからフランスを撤退させたわけですし、ニクソンがベトナム戦争をやめさせられたわけです。

木村 大衆の不満を抑えられるかだよね。

白井 そうなんです。要するに、あの人でもできないのだったら、仕方がないということになるわけです。ロシアはあれだけの長い国境線を持っていますから、たくさんの領土問題を抱えてきたのですが、実はプーチン時代に一つの問題を除いて、全部解決しているのです。場合によっては譲歩し、場合によっては恫喝するような形で、とにかく国境線を安定させるのだということで、全部解決した。ただ一つ、残っているのが日本との北方領土の問題。だから、いかに北方領土問題が異様であるかということが、ここにも表れていると思います。

本来だったら、これは嫌みでも何でもなく、安倍内閣には三つの領土問題を全部一刀両断に解決するということをぜひ、やってもらいたいと思いますが、まあ、できやしないだろうとも思うのです。たぶんロシア方面で点数を稼ごうとしているということと、一方でアメリカとの関係強化という名のアメリカ追随のさらなる追求をしているということが矛盾を来たしているということ、つじつまが合っていないということを、彼はわかっていないのではないかと思うのですが。

鳩山　私も、そう思う。

白井　単純に、たぶん理解できていないのだと思います。

木村　ただ、前のプーチン大統領のときだったか、二島を返還して、残り二島についても今後、話し合っていくというような、ものすごく妥協的な譲歩をプーチンがしてきて、日本もそれに乗ろうとしたのに、アメリカの横やりでポシャったという経緯もあるようですね。

白井　結局、二島は返ってくるが、その上にどれぐらい上積みできるかという問題なのです。はっきり言って、何も上積みできなくても仕方がないぐらいの話であると思います。

鳩山　日本にとって歯舞、色丹の二島というのは圧倒的に国後、択捉に比べれば面積的には小さい。だから、ほとんど意味がないのではないかと思われていますが、実際に島に住むことよりも島の周りの海域を、漁業のことを考えると二島が返ってくるだけでも相当大きな意味があります。たしか領土の面積だと、それこそ島の面積では歯舞群島が二％、色丹島が五％とわずかなのですが、海域でいうと数割というオーダーなのです。

ですから、そのあたりは国民的にはあまり知られていませんが、島自体よりも海域のほうが権益的には大きいので、二島だけでは絶対にノーだということではないと私は思っているのです。実際に元島民の方々や関係者のみなさんは、早くまず二島を返してもらって漁業をやりたいと願っている方が多いのです。

ただし二島プラスという「プラス」を言っておかないと、たぶん国民的には納得をされない。しかし私は解決の道というのは、決して難しくないように思っています。残りの二島は共同で統治をするなど、いろいろなやり方があると思います。

木村　本来ならば一九五六年の鳩山一郎政権のときに二島返還論で決着がつきそうだったのを、アメリカのアレン・ダレスが、そんなことをしたら沖縄を返さないぞという恫喝をして断念させられたという経緯もありますよね。

鳩山　ですから、まさにそこなのです。常にアメリカは北方領土の四島問題だけでなく、すべての日本が抱えている領土問題に関して関わっていて、アメリカからするとそういった紛争を残しておくことが彼らのメリットだと判断しているように感じます。

白井　とはいえ、このような問題は、日本が断固たる姿勢でやればいいだけの話で、例えば対ロ問題だったら、二島で終わりにすると決めました、「はい、終了」ということですから。

木村　結局、最終的にはアメリカの圧力と言いながらも、日本の問題ですね。日本が一枚岩で団結して方針をきちんと自主的に打ち出すことができたら、問題は解決できるということで、そこができないのが最大の問題です。やはり白井さんが言われているように、日本の対米従属は問題だが、対米従属という意味ではアメリカと同盟を結んでいる国は、イギリスでもフランスでもすべて同じだ。問題なのは日本が自発的に従属している、というところです。

鳩山　私もアメリカが悪いと言っているわけではなく、アメリカに対してあまりにも従属的な日本の政治を変えなければならないという主張だったのですが、アメリカから見ると、けしからんという話に伝わった可能性はあります。

沖縄の独立と、日本の真の独立

木村　沖縄は一六〇九年に薩摩の侵攻で独立国家が半独立国家的な状況に追い込まれ、一八七九年の琉球処分で完全に琉球王国が併合され、一九四五年の捨て石作戦であった沖縄戦では多大の犠牲を出しました。そして、一九七二年の沖縄の復帰の問題、さらに現在、ある意味で第五の琉球処分だと言われているのがいまの辺野古をめぐる状況です。先ほど私は、沖縄の人々を日本人と思っているという言い方をしましたが、沖縄の方のアイデンティティはいま、とても揺らいでいます。自分は沖縄人、琉球人であって日本人ではないとまで言い切る人ももちろんいて、これまでの同化政策に対する反発もあって、沖縄の自立、独立の問題も出てきています。

白井　ともかくも本土の人たちの沖縄問題に対する、無関心、無理解、人ごとのような受け止め方といった状況を打破しないといけないわけですが、それを打破する契機になるのが、このままだと沖縄独立論、そして独立運動の本格的な噴出、盛り上がりになるかもしれない。国連等々の舞台で沖縄の人たちが独立を訴え、それが世界的なニュースになり、住民投票が行われるというようなことになって、いよいよ止められないような大きなうねり、流れとなったときに初めて、本土の日本国民の無関心は破られるということになるのでしょう。しかし、そうなってからでは、日本と沖縄が一体であるべきだと考えるのであれば、もはや手遅れであると思います。

こういうことを言うと大半の日本人はばかばかしい、そんな独立などできるわけがないと言うのですが、これは近年研究が進んできたところでもありますが、ヨーロッパや太平洋のいろいろな島国のなかには、沖縄よりも小さい国などいくらでもあるのです。沖縄ぐらいの規模があれば十分、独立国たることができるというのは当然であって、独立論には現実性がある。あとは、それを本当にやる意志があるのかどうかという話です。

よく佐藤優さんが言うことですが、ソ連末期に、バルト三国がソ連から分離、独立したことがソ連崩壊の大きなきっかけになっていったわけですが、あのとき、バルト三国が独立するなんて、誰が世界で思っていましたか。世界中、誰も想像していなかった。ソ連の人も思っていなかった。バルト三国の住民ですら、そんなことはあまり思っていなかったはずです。ところが、ある流れが何かを越えたときに急速に、それまで当事者たちですら、そんなことができると思っていなかったのに、もう断固、これしかないのだということになっていく。民族自決というものは、そういうものだと思います。

例えばバルト三国との対比で言えば、琉球王国というものが歴史上、独立国としてやってきた長さ、それに対する歴史的記憶は十分あるのです。ですからいま、沖縄では歴史の見直しが、盛んに始まっていると思います。例えば琉米条約といってペリーが来航して江戸幕府と条約を結ぶ前に、琉球と条約を結んでいる。

鳩山　オランダ、フランスもですね。

白井　はい。つまりこれは、別の国であったということのまさに証左です。確かに当時、すでにある意味では、薩摩に屈服させられていた時期ではありますが、しかしながらそれでもあくまで別の国であったということも確かだという歴史が、あらためて振り返られているわけです。ですから本土の沖縄への対応がこのまま変化しないならば、沖縄でのこうした流れはさらに強くならざるを得ないと僕は思います。そのとき初めて、本土の日本人は、「えっ?」という話になるわけです。できるわけがないだろうと言って、ばかにしていたのが、突然、ものすごく現実的な話として現れるのです。

いまの日本人ならば、そうやってショックを受けて、まどろみを破られる以外に目覚める方法はないのではないかという気がします。

鳩山　真の意味で独立していない日本であるのに、そのことに気がついていない国民ですからね。

白井　そうです。沖縄の独立運動を見て、いわば民族が独立してあるということはどういうことなのか、ということを日本人はそのとき初めて考えられるのかもしれないということです。

鳩山　いままではそんなことはあり得ないだろうと思っていましたが、それが現実の選択肢として可能性がかなり出てきたのではないか。そして、それが本当に日本を覚醒させるとすればたいへんいいことだというぐらいに、私はむしろ思っています。

それとこの辺野古の問題に対して、共産党と社民党は、沖縄ときちんと向き合っているのですが、私の所属していたかつての民主党がメッセージを全然、出していなかった。代表の岡田さんが私のときの外務大臣だったものですから、そのときに辺野古と決めたということで、なかなかそこから離れられていない。当時総理だった私が、そのことを謝って、間違っていたと反省しているのですが。少しずつ変化の兆しは感じますがね。

木村　岡田さんは翁長さんと会ったときに、安保法制は反対だが、辺野古は動かせないというようなことをおっしゃいましたね。

鳩山　岡田代表は性格上、自分が関わって決めたことには非常に頑なになっているのですが、党内にも少しずつ雰囲気が変わってきている部分があるので、やはり第一野党としてこの問題で安倍政権に対してきちんとしたメッセージを出す流れを、安保法制と同列の中につくっていく必要があると思っています。それを野党の責任としてきちんと示すことができたときにはじめて、沖縄の問題も大きな流れの一つとして、もう一度、国政の中でクローズアップされてくるのではないか。それを例えば、参議院選挙のときの大きな対立軸にするぐらいに考えるべきではないかと思っています。

私は沖縄の問題も、安保法制と連結させて議論していく必要があると思っていて、先ほど岡田さんの言葉にもあった、安保法制には反対するが辺野古は動かさない、といった矛盾を解消させていくことが、次の国政選挙の前までに行わなければならないことだと思います。それができれば、国政の中でも沖縄のために頑張っているぞと沖縄の人たちにメッセージとして送ることができると思うのです。ただ残念ながら、民進党の中にも安保法制には完全に反対ではない議員も多いので、沖縄の人たちに向き合うメッセージはなかなか出せないでしょう。

木村　沖縄の独立の可能性は今後の政治情勢の展開次第とは言いながら、ますますそれが現実性を持ってくる可能性が高い。独立問題の研究会ができているだけでなく、スコットランドの独立の国民投票にも多くの方が行って学ぼうとしている動きもあります。

オスプレイが強行配備され、辺野古新基地が強行され、さらには憲法さえ変えられた日本にとどまる理由はないというふうな方向に、さらになっていく可能性が強いと思います。スペインの例、カナダの例、スコットランドだけではなく、そういう独立運動はいろいろなところで出てきていますし、私がもともと研究していたユーゴスラビアも一ヵ国が六ヵ国になり、そのうちの二、三ヵ国はEUで、また一緒になるということをやっています。また一緒になるのですが、絶対に一度はアイデンティティとしては独立したいという動きは抑えられない。コソボもそうでしたし、そういう希求があるので、東アジア共同体と沖縄の関係を論じたときも、日本の独立が先なのか、沖縄の独立が先なのかというような、微妙な問題も実はあったと思うのです。

ただ僕は沖縄が独立というところまで追い込まれないような状況にするために、日本が先に真に独立をし、安保解消ではないですが、段階的縮小の方向で転換していけばいいというふうには思っています。ただ日本人として沖縄に対する無意識の植民地主義を突きつけられると、いろいろと考えさせられることがありました。例えばアイヌの問題についても北海道に住んでいない僕にとって非常に意識が低い問題であり、私も今度、初めて沖縄に三ヵ月間住み、いろいろな方と直接話すことによって沖縄の方の気持ちがある程度、わかるようにもなったということがあります。やはり本土の人の無関心と冷淡さ、そしてその奥底に無意識の差別というか、植民地意識があると言われれば否定できない部分はあります。

鳩山　国民一人ひとりが沖縄を無意識に植民地と思っているか、植民地的に感じているかというと、私はそうでもないような気がします。確かに、政治的な立場の中では、完全に植民地化されていますが、普通の人たちはそこまでの関心すらないというように感じています。

白井　要するにボーッとして生きている限りでは別に沖縄問題というものを一切考えずに、まったく認識せずに暮らすことが、この国では可能だということです。さらに言えば、本土に出てきた沖縄の人たちだって、なかなか本音は言いません。要するに無関心な日本人というのを見て、「この腐れヤマトが」と思ったとしても、それはなかなか言わないですから。こうして、まったく何も考えないで本土の日本人は生きていくことができるのです。

まさにそのような日常の構造が、差別の構造であるわけです。

鳩山　そういう意味では、知念ウシさんや野村浩也さんの告発というのは、たいへんに痛いのですが、そういう怒りがあるのだということを私たちが知る意味においては、ものすごく大きな意味があると思います。

白井　ただ、告発の言説は、ともすると知識人の内ゲバになりかねない惧れがあります。どうやって広がりを持つ批判を展開していくか、それが課題ですね。

木村　一番変わってほしい人に訴えないといけないという部分はありますね。

第6章

拉致、慰安婦問題に垣間見える戦後日本人の被害者意識

消費社会の高度化と並行する日本人の愚鈍化

木村　二〇一六年一月の宜野湾市長選では、残念ながらオール沖縄で推されていた志村恵一郎さんが現職の佐喜眞淳氏に敗れるという結果になりました。この選挙は、宜野湾はもちろんのこと、沖縄にとどまらず、日本全体に大きな影響を与えるのではないかと言われておりましたが、この結果をいまどのようにご覧になっていますか。

鳩山　辺野古に基地をつくらせないという運動をしてこられた方々、特に翁長陣営にとってみれば痛手であることは間違いないと思います。宜野湾市は言うまでもなく普天間基地があるところですから、基地の危険性や騒音で悩まされている方々からすれば一日も早く閉鎖してもらいたいという気持ちが強い。その基地が閉じられたあと、どこに行くのかという問題よりも、まずは早く閉じてほしいという願いですから、そういう意味では移設先が沖縄の県内でも、辺野古でも仕方ないと思う人たちが一番多くて当然だと思いますし、沖縄県内でも、「辺野古ＮＯ」ということを一番言いにくい地域であることは間違いないと思います。それだけに、そこで「辺野古ＮＯ」を主張した志村さんが勝てばたいへん大きな弾みがついたはずでしたが、残念な結果に終わってしまった。

ただ現職の佐喜眞陣営は辺野古を争点から外して、とにかく普天間を早く閉鎖させる、そのためには政府とそれなりにつながっていないと難しい。しかも、経済的なことを考えても政権側にいたほうが有利だろうという主張だったと理解をしています。実際に佐喜眞市長候補を応援した方々の六割が、辺野古新基地建設にＮＯのお考えだと聞いています。とすれば、志村陣営は辺野古が勝負だということで応援されたのでしょうから一〇〇％として、全体にすると七割以上の方が辺野古は駄目だということを、この選挙でも示していたのは事実だと思います。その事実の重みを政権側は理解をしないといけないし、この選挙結果をもって辺野古の新基地が認められたのだというものでもないということです。

現職、政権側は、ディズニーランドの誘致のような甘いにんじんを、相当ぶら下げていましたが、私がディズニーランドの関係者から聞くところによると、ディズニーランドは実際に誘致を決めるまでは一切、口外しないのだそうです。事前にわかってしまうと、その周辺の土地の価格が上昇したりしますし、何かとやりにくいということもありますので絶対に明らかにしない。ですから、そんな五年も前から、将来、ここにディズニーランドが来ますといった話は絶対あり得ないということを、知り合いの方はおっしゃっていましたし、私もそのとおりだと思います。

こういうものを政治利用するという手法は、札束でほっぺたをたたくような話と同類です。こんなことで選挙戦に多少でも影響があったとすれば、それは残念なことですし、そういう古い政治の体質は改めなければいけないと思います。

白井　ディズニーランドの話は、今回、本土でも非常に注目を浴びたわけですが、実に嘆かわしいと私は思っています。先ほどオリエンタルランドは、本気でつくるのだとしたら絶対に事前に言わないという指摘がありましたが、これは裏を返せば、今回の話では、絶対にディズニーランドは来ないということになります。

私も沖縄タイムスの記事を頼まれた関係で、少し調べてみたのですが、その実態たるやひどいものです。本当に雲をつかむような話でしかないのです。オリエンタルランドは聞いていないと言うし、地元の地権者という人たちも、まったく何も聞いていない。市の職員も聞いていないと言っていて、まったく実体がない。

かつ普天間にディズニーというと、東京ディズニーランド、あるいはディズニーシーのようなものができるのかと思ってしまいますが、調べてみると全然そんな話ではない。現実には、たかだかディズニー系列のリゾートホテルが建って、それなりの大きさかもしれませんが、ショッピングモールが併設されるという程度の話にすぎないのです。

しかもその場所は、菅官房長官などは十分にご存知のことだと思いますが、正確に言うと普天間の跡地ではありません。今回の話は、普天間の近くにキャンプ瑞慶覧《ずけらん》という米軍施設があって、そこの敷地が二〇二四年度以降、返還される一応の合意ができているのですが、そこに誘致したいという話なのです。ですから厳密に言うと、これは普天間基地の跡地利用ではないわけです。かつ一応のめどが立っているということになっていますが、何年度〝以降〟ですから、何年度〝までに〟ではないのです。ところが、たぶん佐喜眞陣営、菅官房長官は、それを意図的に混同して、とにかく早く普天間を閉めることが大事だ。ディズニーランドがやってくるんですよと、こういう印象操作を選挙期間中、ずっとやってきたと思います。だから案の定と言うべきでしょうが、選挙が終わった途端に佐喜眞さんは何と言ったかというとディズニーが建つというのは努力目標ですというようなことを言っているわけです。

木村 いきなりトーンダウンですね。

白井 本当に露骨です。よく「利益誘導」といいますけれども、これは利益誘導ですらないのです。完全なる絵に描いた餅です。

またもう一つ、この件に関してやや深いレベルで言うと、「よりにもよってディズニーか」という話なのです。米軍の基地をなくしたあとに何をつくるかと考えたとき、よりによってディズニーというのは、最悪の選択ではないかと僕は思うわけです。

戦後の日米関係を考えたときに、ディズニーランドというのは一つの象徴だと僕は思っています。前にも述べましたが、戦後、アメリカは、暴力としてのアメリカと、文化としてのアメリカという二面性を持っていました。暴力とは、最終的には武力を担保とする支配、従属の関係というものがあって、つまり、言うことを聞かないのなら、もう一度、痛い目に遭わすぞ、という側面です。

ただし、この側面ばかりだと戦後の日本人が反米的になってしまいますから、アメリカとしては、どうやったら手なずけることができるか、友好的な国民になってもらえるかと考えるわけです。その際に、活用されたのが文化的なものです。日本人はアメリカの圧倒的な物質的な豊かさに魅了されましたし、その生活様式にも魅了され、アメリカンカルチャーというものの明るさにも強く魅了されました。

しかし他方で、暴力としてのアメリカもあるということは本土の日本人にしても、ある時代まではわかっていました。だからこそ、ある種の反米闘争として基地闘争はやられてきましたし、六〇年安保にもそういう側面がありました。

しかし、いつの時点からか本土の日本人は非常にうまいことをやった。それは何かといえば、暴力としてのアメリカという側面をそっくりきれいに忘れ、文化としてのアメリカの側面だけを楽しく消費しようという芸当を身につけたのです。

たぶん僕はベトナム戦争までが暴力としてのアメリカを日本人が強く自覚していた時代であって、その後、文化としてのアメリカのみを消費するようになっていったと思います。これは消費社会の高度化、消費社会化と結びついているのです。消費社会とは、ものがあふれて、それによって消費されるものの背後を考えなくなる世界だと思います。

例えばいま、コーヒーが目の前にありますが、コーヒーを飲んで、おいしいと感じる。でも、このコーヒーはどうやって来たのだろうか。どうやって自分の前に置かれることになっているのだろうかと考えると、それは給仕さんが持ってきてくれて、厨房で働いている人がいてという近い連鎖もありますが、そもそもこの豆は、どこでつくられたのか。南米かアフリカかわかりませんが、どこかのプランテーションで、激しい搾取労働が行われて、そこでコーヒー豆が収穫をされ、いろいろ巡り巡ってここへ持ってこられるという過程がおそらくはあるわけです。そうやって追跡していけば、あらゆるほとんどすべてのものの背景に、いわば血生臭い現実があるのです。暴力を用いるような形の搾取があったり、あるいは、ものすごい環境負荷をかけていたり、きらびやかな商品の背後には、そういった現実があるわけですが、消費社会化というのは、そういった現実を一切忘れて目の前のモノをただ楽しめばいいじゃないか、そんな難しいことを言うな、そんなことを言われたら気分が台無しだ、という世界です。

ですから文化としてのアメリカが持っていた、もう一方での薄暗い面、つまり世界中で戦争をやって、謀略を張り巡らせているようなアメリカの暗い面を、日本人が忘れていった時代と、消費社会の高度化というのは並行していると考えます。東京ディズニーランドができたのは八四年です。高度消費社会の爛熟期、バブル期に入ってくる時期で、まさに東京ディズニーランドはシンボルなのです。あそこの中に入れば、現実に対して完全に目を閉じることができる世界で、まさに夢の国と言われる所以です。ディズニーランド的なるものによって、本土の日本人をすっかり眠り込ませ、愚鈍化することに成功したのです。

そしていま、同じことを沖縄でやろうとしている。沖縄は暴力としてのアメリカと、文化としてのアメリカの二側面が車の両輪であることをずっと見せ続けられてきたという意味で、日本の中で例外的な地域です。だからこそ、ここでは人々がある意味で目が覚めているわけなのですが、東京の政府からすると、彼らだけ目が覚めているのは実に都合が悪い。よって、本土で使ったのと同じ手を使えば眠り込ませることができるはずだということで、ディズニーランドを持ってくると言っているのだとすれば、政策的にはものすごくつじつまが合っている。つじつまが合っているだけに、非常にこれは汚らしいというか、悪知恵ばかり働くのだなという感想を私は持ちました。

ですので、この話がまったく絵に描いた餅であったことが露呈して、むしろ私はよかったと思っているのです。

鳩山　絵に描いた餅と言えば、もう一つあって、それは普天間を五年で閉じるという約束です。二年たって、あと三年しか残っていない。たとえ辺野古ができるとしても、たしかアメリカの報告書でも早くて二〇二五年。その間、どうするのかも含めて、まるで絵すらないのに、現職のほうは普天間を五年で閉じます、それが政府の約束ですから、といったことで当選してしまう。そんな約束はしていないとアメリカは言っています。まったくの絵空事です。そんなことよりも、普天間を閉じさせたあとは、アメリカと直接交渉をして、海兵隊はもういらないなどといった議論を通じて彼らを追い込んでいくしか答えはないと思います。しかし、そういった方向の候補者が敗れて、政府の言っている絵に描いた餅を掲げる候補者が選ばれたということは、私にとってはたいへん残念な結果だと思いました。

木村　今回の選挙では、政府与党が国政選挙並みの支援をし、アメとムチで言えばアメの部分、つまりディズニーランド誘致の話や西普天間地区の跡地利用支援、普天間の一部返還などというあらゆる後押しをしたことが大きかったと思います。

さらに言えば、沖縄での選挙で重要な鍵を握るといわれている公明党、公明党の支持母体である創価学会員の動きもありました。選挙前に消費税導入に伴う軽減税率導入で、公明党に自民党が歩み寄ったことで、今回の選挙では創価学会がフル活動したというふうに聞いています。

もう一つ、政治勢力として大きかったのが下地幹郎氏の票です。宜野湾市だけで、四〇〇〇票ぐらいあったと言われています。下地氏はいま、維新の会の政調会長ですが、その四〇〇〇票がそっくり現職の佐喜眞氏に動いたということで、かなり大きな影響を与えたのではないかと思います。志村陣営は残念ながら候補者が決まったのが一二月の段階で、どちらかと言えば無名な方でしたので、出遅れたのが非常に大きかったと思います。

ただ、翁長知事も何度も言われているように、佐喜眞陣営は今回、普天間は固定化させないとそれだけを打ち出していましたが、これは事実上、辺野古移設（実際は新基地建設）を言っているのと同じことです。辺野古移設をしても短くても一〇年、長ければ二〇年ぐらいかかり、結局はその間普天間に固定化することにもなる。そのことを直視する必要があると思います。

鳩山　若干付け加えさせていただくと、辺野古に関して現職は、前回選挙で「辺野古NO」とおっしゃっていた。それが今回の選挙では非常に曖昧な立場に終始をしました。この公約が大きくくずれたことは、もっと大いに批判を受けるべきところだったと思います。政治家にとって公約が命ですから、これは本来、首長としての資格を疑わざるを得ないことだと私は思っていて、そこが争点として必ずしも十分に伝わらなかった。むしろ争点が外されて、待機児童をゼロにするといった内政の問題で、そのためには政府の力が必要であり、やはり現職の力が必要であるという訴えが功を奏したと思います。

ただ同時に反省すべきことは、さきほど木村先生がおっしゃったように、志村陣営にもあると思っています。私が応援に駆けつけたのは最終日の一日だけでしたが、何か最終日にあるはずの本当の緊張感がないと思ったのです。もっと必死の絶対に負けられないといった緊張感というものが必要で、それがあれば伝わってくるはずなのに、私には伝わってこなかった。どこか司令塔の指示が、必ずしも十分ではなかったのではないかという気がしました。

核実験、ミサイル実験をする北朝鮮の真の狙い

木村　二〇一六年一月の北朝鮮の核実験についてですが、今回は事前に探知されない形でいきなりなされましたが、北朝鮮側はこれを水爆だと言っていて、アメリカや韓国や日本側はそれを否定をしています。強力型の原爆だったのだろうということで、それを受けての制裁を国連を通じて国際社会全体で行うとともに、個別の制裁をアメリカ、韓国、日本がそれぞれやるような動きも見せていますが、この問題をどのようにご覧になられていますか。

鳩山　北朝鮮の今回の実験が水爆であるとすれば、私は成功していないと思うのですが、水爆であろうと原爆であろうと核実験を行ったことはまぎれもない事実で、金正恩第一書記が、何のためにそのような行動をしたのかということを深く洞察しなければならないと思っています。

これは日本というよりも、アメリカと中国に対する意志表示だと私は思っています。ミ

サイルの実験も同時に行うのですから、アメリカにまで核が届く状況になるぞということを北朝鮮としては誇示したいのでしょう。ただ、特に日本と韓国と組んでアメリカが強い制裁を求めていますが、必ずしもアメリカまで核が届くという段階までまだ至っていないことをアメリカ自身は認知しているのではないかと私は思います。

これまで北朝鮮に対して厳しい対応をしていた中国が、二〇一五年の冬から何らかの協力を行う方向に向けて舵を切り始めたときに、北朝鮮がなぜこのような実験を行ったのかを考えると、やはり彼らは、アメリカとの二国間交渉を進めていくための一つのツールとして核実験を考えているということです。それが事実かどうか定かではありませんし、検証が必要なことだと思いますが、私はこういうときにこそ、むしろ冷静に対処しないといけないと思います。何らかの制裁は必要ですが、制裁が簡単に功を奏するものでもありませんので、日本とすれば北朝鮮とは拉致問題も存在するわけですから、その問題も含めて、北朝鮮に対して米中の間をうまく取り持つような役割の中で、存在感を示すことが必要だと考えます。

常にアメリカ側に立ち、制裁が必要だと主張して緊張感を高め、軍事力を強化して挑発を誘うような状況を日本は避けるべきだし、より慎重でいるべきだと思っています。

白井　核実験をする北朝鮮の動機としては、中韓の接近が気に食わないということが考えられます。つまり今回の水爆と称する核実験は、もちろん対米という狙いは常にありますが、かなり対中メッセージという側面が濃厚になってきていると私は思います。やはり金正恩政権になってから、中国に対して瀬戸際外交をするというスタンスが強化されているように思えます。張成沢《チャンソンテク》の粛清もありました。

しかし実は、これはいまに始まった話ではなく、中ソ論争[※7]の時代にも中国とソ連、両方から利益を引き出すことによって北朝鮮は国家運営をしてきたわけです。中国から見ても、「こいつ、実は度し難い」、ソ連から見ても、「こいつ、実は度し難い」と思われているような、そういう瀬戸際で生き残るという戦略は彼らの伝統的な外交手法であり、ただその瀬戸際ぶりというのがいま、際立ってきているとは感じます。

そこでいま日本に何ができるかと考えてみると、現実的に言っていまの政府には、朝鮮半島をめぐる国際情勢を抜本的な意味で前進させる実力はまったくないでしょう。結局のところ、中国頼みにならざるを得ない。中国が、どうハンドリングするかにかかってきている。逆に言えば、もし朝鮮半島の平和的な統一が中国のイニシアチブのもとに実現したなら、たいへんな外交的成果だということになり、いよいよ名実ともにアジアの盟主ということに中国がなってくると思いますが、いまのところ、そういう兆候もない。もちろん平和的統一があればいいのですが、なかなかその道筋が見えてこないというのが現状だと思います。

木村　北朝鮮側のメッセージは、これまでも無視されて伝えられてこなかったと思うのですが、彼らの言っていることは一貫していて、体制の保証を求めているのです。要するにアメリカなどが核などを使って北朝鮮に先制攻撃をかけるようなことがない保証を与えてくれれば、核もミサイルも放棄する準備はある。そう一貫して言っているのです。

現在も六ヵ国協議や米朝対話が閉ざされている中で、米韓合同演習、最近は日本も加えた三国間の軍事演習によって北朝鮮は脅しをかけられているわけです。戦争瀬戸際政策とは北朝鮮側によく言われる言葉ですが、実はそれ以上の戦争瀬戸際というか、武力による威嚇をくり返してきたのが米韓日であって、早く平和条約を結んで国際社会に復帰させてもらいたい、というのが北朝鮮の考えです。エネルギー、食料危機に支援をしてもらえれば、核もミサイルも廃棄する交渉の用意はあるという意思表示を北朝鮮はしていますが、一貫して伝えられていないことが最大の問題だとも思います。

僕が不思議なのは、例えば中東のイラクやリビアには核開発の兆候があるというだけで脅しどころか、実際に軍事介入して転覆するところまで行きました。イランについてはかろうじて、オバマ大統領がケリー国務長官などを派遣して核の合意で、ようやく制裁解除に向かって動きました。

しかし北朝鮮に対しては、確かに国連決議とか制裁をやってはいますが、核実験を四回もしているにもかかわらず、武力攻撃には至っていない。誤解のないように言うと武力攻撃をすることが正しいと言っているのではなくて、彼らの行動の様式からすれば、とっくの昔に北朝鮮に武力制裁してもおかしくないと思うのですが、それをせずに経済制裁だけで、それも中国が全面的に同意していない中の制裁には効果がないということをわかっていて、また同じようなことを繰り返している。そこにどういう意図があるのかということを考えないといけないのではないかと思うのです。

僕は先ほどお話に出た平和的な朝鮮半島の統一や、北朝鮮の自壊というシナリオをアメリカが望んでいるとは思わないのです。ただアメリカといっても一枚岩ではないので、ネオコン、とりわけ軍産複合体に近いような人たちが望んでいるとは思わないということです。原爆の小型化でミサイルに乗せられるような技術まで開発したとき、あるいは弾道ミサイルでアメリカ本土まで届く段階になったら本当の意味でアメリカの脅威になるので、その段階でたたくということは考えられます。それまでは北朝鮮の体制を存続させて、その脅威を利用して軍備強化や、ミサイル防衛システムの導入などを進めようと動いている可能性さえあると思います。

さらに言えば、これはよくわからないことなので留保している部分でもあるのですが、なぜ北朝鮮が、あのような核やミサイルの開発に単独で成功できているのか。中国やロシアが協力しているということはないですよね。そういった批判は一切、出されていませんので。イスラエルをフランスやアメリカが陰で支援して核武装化させて、いま放置しているのと同じようなことを、アメリカが北朝鮮に対してやっている可能性すらあるのではないかと僕は考えています。

白井　私の見方からすると、いわゆる大国は、うんざりして北朝鮮を放っておいているというのが実態だろうと思っています。体制の保証というのは、これは何をもって体制の保証とするかが難しい。拉致事件の解決の難しさに似ています。例えば、これから追加して二、三人帰ってくるとします。それで日本側は納得できるかといったら、まずできない。もっと他にもいるだろうと、多くの人が考えます。しかし向こうとしては、「いや、もういない」と言うでしょう。しかし、「前はもういないと言ったのに、またこうやって出てきたではないか。もっといるのだろう」とこちらは反論する。これでは水掛け論ですから、決着のつきようがないのです。

北朝鮮の体制保証の問題も、アメリカがいくら保証してやると言っても、アメリカは実力的には、その気になればいつでも崩壊させることができるわけだから、北朝鮮の側からすれば、それはただの言葉だけにすぎない。だから、もっと確たるものを出せと北朝鮮が言ったとしても、アメリカが何か出せるのかといったら、まず出せないでしょう。

鳩山　いま、木村先生がおっしゃるようなダブルスタンダードは確かに、そのとおりだと思います。中東ですと逆にイラン政府が核は持たない、核は平和利用に限るといくら言っても、それに対して疑わしいとかなり長い期間、制裁を加えました。一方の北朝鮮に対しては一応、核兵器と明言し、実験までやっているというのにもかかわらず、イランに比べてかなり緩い制裁にとどまり、今日までそれを放置してきたと思います。その意味でのダブルスタンダードはあったと思います。

その一つの理由は、アメリカは、中東とアジアの両方に対して二正面で軍事力を行使するということがなかなか難しいということです。そして中東のほうが彼らにとっては利害関係が大きいということです。北朝鮮はあまり彼らにとっての国益とは結びつかない。石油がありませんし、レアメタルはありますが、それほどの国家的な規模ではないと見られていて、国益の観点では中東のほうが優先順位が高い。

また、北朝鮮には背後に中国がいるというややこしさがあり、そこにいますぐ手を出すことにはならなかったのではないかと思われます。

白井 そこにさらに朝鮮半島の統一の問題が関係してくるわけですよね。中国は現状ではそれを望んでいないのでしょう。ただ、もし韓国をアメリカ、日本から引きはがし、中国の側へよりシフトさせることができれば、その問題はなくなるわけです。それで朝鮮戦争も本当の意味で終わり、米軍基地も韓国から撤退してもらい、これでいいと中国は考えるでしょう。

木村 拠点があれば一番いいわけですね、中国にとっては。

白井 ただ、統一が実現すると、発生するのは領土問題だと思います。北朝鮮の北部国境のあたりの中国領の間島など、あのあたりは朝鮮族がたくさん住んでいます。ですから民族自決の原則からいくと、ここも新しい統一朝鮮の領地にするべきだという声というのは必ず出てくるんだろうと思います。

かつ、ややこしいのは、これまで経済発展する中で、もともと八割、九割朝鮮族しかいないというような地域に漢民族も流入してきていて、混住状態が進んでいます。ですから、かつてでしたら統一のお祝いとして、ちょっと領土をやるくらいのことができたかもしれませんが、いまそれをやると大問題になるという、非常にややこしい状況になっていると思われます。

※7　中ソ論争……中国共産党とソ連共産党との理論的対立。一九六〇年頃から表面化し、国家間の政治的対立となった。

拉致問題を利用して成り上がった政治家たち

木村　二〇一五年末の従軍慰安婦問題での日韓合意は、明らかにアメリカ側の強い圧力が日韓双方にあって実現しました。やはりいま、アメリカが急いでいるのはアメリカ、日本、韓国の三国の軍事同盟体制の構築なのだと思います。日韓の間には軍事包括協定、GSOMIAが結ばれていません。これはどちらかといえば、韓国側の反発によってです。それを早く結ばせたい。それから韓国は中国側への配慮もあってMD配備をしていませんが、その協議にも入らせたいとアメリカは考えている。

それらのことがすべてつながっていて、安倍政権になって石破幹事長（当時）は二〇一四年三月、米日韓三国軍事同盟を核として「アジア版NATO」を形成し、日本が積極的にその役割を果たしていくと表明しました。

しかし、これは不毛な選択であって、それに対抗するものとしては、やはり日本と周辺諸国、東アジア諸国の間の信頼関係の構築であって、鳩山先生が一貫して提起されている東アジア共同体構想であると私は思うのです。

鳩山　安倍政権とアメリカが日米韓の軍事同盟化を強めて、アジア版のＮＡＴＯを構築していこうという動きは、時代に明らかに逆行するものと私も思っています。ＮＡＴＯ自体が、はたしてヨーロッパにおいて本当に必要なものか、そこも疑問です。本来ならば東西の冷戦構造が消えたときに解体してしかるべきものです。現実にはＮＡＴＯの拡大化が、欧米とロシアの緊張関係を高めています。それを今度は、東のほうでもＮＡＴＯができるなどという動きは、まるで逆行だと私は思います。最近は朴槿恵《パククネ》大統領も北朝鮮に対して強硬路線をとるようになりましたし、オバマも安倍さんと朴さんを握手させたがっていますが、朴大統領は内心では安倍首相に対する警戒感を解いていないと思いますので、日米韓の軍事同盟化がスムーズに行かないことを期待しています。

一般的に、武力によっては問題を解決することができないし、本当の意味の幸せをつくり上げることもできません。対話と協調の外交努力によってしか、真の平和はあり得ないということをもっと早く気づくべきです。ただそうは言っても、万一のことに備えたいというのであれば、それは欧州におけるＯＳＣＥ（欧州安全保障協力機構）のような形の安全保障のあり方が望ましいと思っています。そして安全保障といっても単なる武力の問題だけではなく、むしろ環境やエネルギーなどを含めた中での安全保障機構を構築することは意味があると思っています。逆に、現段階で北朝鮮を脅威と見立て、あるいは中国を脅威と見立ててアジア版のＮＡＴＯをつくるべきだという方向性は、日本が決して進んではならない道筋だと私は考えています。これはむしろ、紛争の大きな種を、まいてしまうことにもなりかねないと危惧しています。

木村　拉致問題においては、家族会元副会長の蓮池透さんが本（『拉致被害者たちを見殺しにした安倍晋三と冷血な面々』）を書かれて、安倍さんが拉致問題を利用して首相にまで上り詰めたといった指摘もされていますが。

鳩山　蓮池さんは、いたずらに北朝鮮を悪者に仕立て脅威をあおる中で、拉致問題を扱うことは政治的にたいへん脚光を浴びるので、それを自分たちの出世に利用した人たちが、あまりにも多すぎる。その極みが安倍総理だという主張をなさっています。まさに安倍さんは拉致問題がなければ総理になっていなかったのではないかと思いますから、そういう意味では理解できるお話です。

さらに蓮池さんがおっしゃるには、安倍さんは少なくとも一時帰国した拉致被害者を絶対に北朝鮮に帰さないと、当初はおっしゃっていなかった。むしろ帰るべきだと中山さんはじめ、みんな言っていたのが、蓮池さん自身が絶対に弟を帰さない、弟もその気になっているということで、周囲に働きかけ、なんとか帰国を阻止したということが書かれています。

拉致問題はそれまでほとんどメディアは報じませんでしたが、小泉首相になってクローズアップされ過ぎて、それにより政治利用され、むしろ被害者にとってみても、問題の解決を困難にしてしまっているのではないかという主張でありまして、私はたいへん傾聴に値する話だったと思います。

先ほど触れられた慰安婦のことに関しては、ロサンゼルスタイムズに風刺マンガが出ていて、〝Sorry and shut up〟とセリフがあり、少女像の口にテープが貼られていました。とにかく日本は謝ったから、あとは黙ってろという意味ですが、今回の決着を非常に端的に表しています。こういう上から目線の決着を韓国政府がのんだことが、むしろこれから韓国政府と慰安婦の方々との間の葛藤になっていくのだと思います。

もう二度とこの問題で子や孫を謝らせたくないと日本側は言っていましたが、その気持ちもわかりますが、それを言うのは日本側ではなく、むしろ韓国側であるべきです。もう二度と謝らなくてもいいよと韓国のみなさん、特に慰安婦のみなさんが言ってくださるときに、初めて問題が解決するのであって、お金を出すから、もう二度と文句を言うな、こちらはもう謝らないからなという解決の仕方は、最終的な解決にはほど遠いものになってしまったのではないかと危惧しています。

非常にある意味で苦肉の策だったと思いますし、日本政府がそこに基金を拠出する仕方がたいへん難しい中での判断であっただろうとは思いますが、もっと本当は単刀直入に日本政府として心から謝罪をし、以前のアジア平和基金ではうまくいかなかったので、それよりも一歩進んだ形の補償金を差し上げることになっていれば、問題は最終的に解決したのではないでしょうか。日本の右寄りの方がそうなるとたいへん怒るかもしれませんが、少なくとも韓国と日本との政府間では解決できたと思うと、それができなかったことは残念だと思っています。二〇一六年四月の韓国の選挙で与党が敗れて、ますます解決が困難になったように思います。

白井　拉致問題と慰安婦問題の二つは戦後日本の根幹に関わっている問題で、まず拉致問題に関して言うと、僕は蓮池透さんのご本を読みましたが、蓮池さんの秀れた点は、非常に謙虚に自分が間違っていたことを正面から認めることができるというところです。普通、大の大人になって自分の過去の言動について自分は恥ずかしいことを言った、間違ったことを言ったと、そう簡単に言えないですが、蓮池さんはそれが言える人でたいへん立派だと思いました。

拉致問題が表面化したのは、確か僕が大学生のころです。当時の報道の過熱、国民感情の高揚というのはものすごく、この熱狂というものは、きっとろくでもないことにつながるだろうというふうに当時、僕は直感しました。

結局、その直感は正しかったわけで、それは安倍晋三長期政権という形で、いま、まさに表れています。これは本当に必然だと僕は思います。敗戦の否認ということが戦後日本の核心であると僕は言っていますが、安倍さんという政治家はそのイデオロギーを自民党の右派の中でも非常に強く持っている人です。あの人は、まさに拉致問題で名を上げた。拉致問題を踏み台にして、権力の座をつかんだわけで、なぜそこに必然性があるのかといったら、まさに拉致問題の露呈によって、戦後の日本人は初めて「この件に関しては文句なしの被害者だ」と言える立場に立ったわけです。

はっきり言ってしまえば、それが気持ちよくて気持ちよくて、たまらないということなのです。拉致被害者を支える会といった組織に集まった面々、民間人も政治家も含め、みな深刻ぶった顔をして被害者家族や被害者に対して同情する顔をしていますが、内心楽しくて仕方がないのです。その証拠に彼らは何を言っているかと言えば、まだ向こうにとらわれていて、帰ってこない人がいるのは憲法九条のせいだ、などと言っているわけです。どう考えても関係がない。いろいろな国の人が実際に北朝鮮当局によって拉致されていますが、日本以外の国には平和憲法はなく、まったく関係ないわけです。要するに、ダシが出るということです。このネタは、いいダシが出るなという形で、彼らの自己満足のためにまさにフル活用しているのです。実際、そういった組織に集っている人たちは、この問題が解決されてしまったら、本当は困るのではないかとさえ思います。

しかし彼らにとって幸いなことに、この問題は、たぶんすっきりとした形では決して解決できない。つまり何人かは帰ってきても、まだいるのではないかという疑惑は、完全にはぬぐえない。交渉の結果、北朝鮮はまた何人か返すかもしれませんが、二、三人帰ってきたところで、特定失踪者というのはもっとたくさんいますし、疑おうと思えばいくらでも疑えるわけです。だから永遠に返せ、返せと言い続けられるわけであって、この問題は、敗戦の否認というこの病んだ歴史認識にとりつかれた人たちのおもちゃになっているのです。ですから、被害者の家族である蓮池透さんが怒り始めたのは至極当然です。あんたらが気持ちよくなるために自分らを利用するのは、もういい加減にしろ、というわけです。

こうして考えると、安倍政権というのは第一次も含め、ある意味、戦後レジームからの脱却という点では確かにそのとおりともいえる。我々は自分たちが被害者である事件をとおして、いわば戦後ずっと、加害者であると言われてきたところに風穴をあけることができた。その意味では戦後レジームから脱却していると言えば脱却しているのですが、それはポジティブな意味での脱却ではなく、結局、それで脱却してどこに行くのかといえば、夢の中の大日本帝国を追求するということでしかないわけです。

しかしもちろん、そんなことは自力で追求できるわけもなく、アメリカの庇護のもとにプチ大日本帝国をつくろうという、ものすごくしょぼい話になっているというわけです。

慰安婦問題に対して日本人が、同情的ではない本当の理由

白井　先ほど述べた加害、被害の問題は、従軍慰安婦問題にもつながってきます。二〇一五年末のいわゆる合意は、本当にひどいものだった。だいたい「最終的不可逆的」ということを口にできるのは、被害に遭われた当事者たちだけであって、国家の言うべきことではない。すでに被害者たち自身が、どういう処置がとられたならば最終的だというふうに見なせるのかということをはっきりと定式化しています。法的責任の確認、国家賠償、それから歴史教育など、いくつか挙げていますが、今回、その要求のうち、ほとんどが満たされていません。

今回の合意のすごいところは、日本は一〇億円払えばそれで終わりで、他には何も義務がないという点です。今後はさすがに日本政府の関係者が、「あれはただの売春婦だった」などということは言えないというぐらいの縛りがかかるかもしれませんが、その程度です。

日韓基本条約との整合性をとるためには、正式な賠償はできないというのが日本政府の

一貫した立場であって、だからアジア女性基金というのをつくった。しかしこれが受け入れられなかったので、今回はそれに比べると、もう少し正式な賠償に近い形で処理をすることにした。韓国側からはこれは正式な賠償だと主張でき、日本側からはこれは正式な賠償ではないというふうに見えるという、外交によくありがちな玉虫色決着です。しかし、他の点については当事者たちが要求していることが、ほとんど何も満たされていません。

鳩山 一番解決されていないのが少女の像の撤去に関してで、まさに玉虫色です。

白井 今回の合意で当事者や支援団体が、納得できたから、もう取り去ってもいいと言えるかというと、まったくそうとは思えない。撤去どころか、もっとつくると言っている人たちもいる。その中で韓国政府が強行に撤去できるかというと、それは世論動向から見て無理でしょう。ですから結局、この問題はさらなるこじれを生むことにしかならない。とても最終合意にはならないだろうと予測できます。

この慰安婦問題は、いろいろな細かい点まで議論がなされ、歴史認識がどうであるかも含め、ものすごく問題が複雑化しているように見えますが、もう少しシンプルな点に戻ったほうがいいと思います。

それは、日本の世論の大半が、なぜ、あの被害者たちに対してかくも同情的でないのかという点です。とにかく細かい点はさておき、やはり本当につらい目に遭った方々がいるわけで、つらい目に遭わせたのは他ならぬ日本国家であったのだから、それは申し訳ないことであるのは確かである。さらに、とても許せるような話ではないのに、こうすれば許すということを相手は言っているわけで、それはある意味ありがたいことなのです。

ところが、その被害者たちに対して、多くの日本人は同情できない。それは結局のところ、一般日本国民が、あの戦争についてずっと被害者意識を持って生きているからです。あの戦争においてあなたは加害者だと言われても、なぜそう言われるのかわからない。なぜなら、戦争をやると決めたのは自分たちではなく、政治家や財閥、軍部などが勝手に決めて、一般国民はわけもわからないまま動員され、中国や南方などに行かされ、シベリアでは捕まり、空襲では焼かれて、本当にひどい目に遭った。そのひどい目に遭ったということに関して、戦後、落とし前がつけられたのかといえば、何もつけられていない。だから自分たちは被害者である、という認識からずっと抜けられないということです。

それによって、旧植民地や日本が侵略した地域から徴発した慰安婦の人たちなどが、被害について補償せよという権利要求をしてきたときに、何を言ってるのだという話になるわけです。「俺たちは、みんな我慢しているのだ。例えば空襲で多くの家が焼けたけれど、補償してもらった人は日本に、誰一人いない」という話です。空襲訴訟は行われていますが、原告が全敗しています。要するにそれは、当時の国民は、あの戦争による被害を甘受するべきであったという日本国家の断固たる意思が示されているわけです。こうして、「俺たちがみんな我慢しているのに、あいつらは文句が多い」、という反応が生まれてくる。さらにそこから「非常に不当で、変な特権を主張し、過剰な要求をしている不届きな輩である」といった見方になっていくのです。

木村　小泉さんが二回目の訪朝をしたあとに、被害者たちが批判をしたら、被害者に対する世論、メディアのバッシングがひどかったのですが、それも同じことのように見えます。

白井　この国では利権は理解できるのですが、権利は理解されていません。日本人は全員無権利状態とも言えます。全員無権利状態の中で権利を主張する人がいると、特権を主張しているように見えますから、おかしいと言って袋だたきにするわけです。国内に住んでいれば、袋だたきにして黙らせることもできるのですが、旧植民地の人たちは外国人ですので、いじめて黙らせようと思ってもそれができない。結果、それを憎悪するしかないという形で、これまで推移してきたのです。

要するにこれは、自分たちが、本当には権利を理解できず、まともにそれを要求することもできない、情けない奴隷的な主体性しかない人間集団だということを直視できていないから、このようなことになっているのだと僕は思います。

木村　これまでの経緯を見ても、拉致問題、領土問題の解決に動こうとすると、必ずアメリカから介入があるという、この問題はもっと直視する必要があります。前にも述べましたが、いまの安倍政権も拉致問題の解決に向けて、小泉政権のとき秘書官であった飯島さんを使って進めようとしたら、リークされて空港で立ち往生するというようなことがありました。それと安倍政権がいま北方領土問題解決に動こうとして、つぶされつつある現状と同じような問題が背後にあるのではないかと思います。

従軍慰安婦問題については、まったく前進がなかったとは言いません。税金から一〇億円を出すこともそうですし、国家の関わりを日本側が多少なりとも明言したというのは初めてのことで、その意味では前進した部分はあります。しかし日本側がそうした譲歩をしたことを、ネット右翼を中心に、ものすごい反発が出てきている。一方、韓国側も事前に従軍慰安婦の方や支援している方たちと、話し合いをした上での妥協案ではなかったということで、圧倒的多数の人は反発をし、いま、事実上、破綻しているような状況になっています。今回の合意が、アメリカからの強い意志で急遽進められたからこそ、いま、脆くも崩れ去りつつあるのだと私は思っています。

鳩山　私も今後は、日本政府よりも韓国政府のほうがたいへんだと思います。最終的な解決と謳ってしまいましたから。日本政府は今後、これで済んだと言い続けてしまうことになるのだと思います。

しかし韓国政府は、これから慰安婦の方々を説得しなければならないし、少女像に関しては何らかの対処をしなければならないというような重荷を背負っています。これはそんな簡単にできる話ではありませんよ。

白井　つまり、日本政府は被害者を筆頭とする韓国の人たちに納得してもらうという一番厄介なところを、韓国政府にアウトソーシングしたのです。

鳩山　本当に、そのとおり。今後は日韓基本条約があるから、これ以上、やる必要はないということです。確かにやる必要はないのですが、本来、日本が下りていってやっても、いいはずなのです。

木村　私もそう思います。個別補償、個人補償は別ですから。

鳩山　私が多少関わってきたサハリン残留韓国朝鮮人のことでも国が支援していますから、個人の問題は別だというやり方はあるわけです。

日本の大企業は戦後、落とし前をつけたのか

白井　慰安婦問題がなぜ、このような状況になっているのかというと、一つにはイデオロギー的な側面があると僕は思います。日本人は道義的な民族であるのだというナルシズムを維持するためには、あんなことがあったということを認めるわけにはいかないという側面です。これは、実際に戦地に行った人はそういう制度があったということを誰もが知っていたわけで、本当にばかげた話です。慰安婦たちは前線にまで行くわけですから、そこにどうやって連れていったのか。誰も好き好んでぜひ行きたいと言ったわけがないことは容易に想像できるわけで、相当、悪い手段を使って連れていったのだろうなということは、すぐにわかる話です。

そしてもう一つ、実質的な側面があって、賠償を考えたときに、ここで個別賠償みたいなものを認めてしまうと、企業が困る。花岡事件に代表されるように、かつて日本企業が朝鮮人や中国人の労働者を動員して、過酷な労働をさせました。こういったことの賠償問

題にも波及しかねない。この場合、金額的には慰安婦問題とは桁が違ってくるということです。例えば、三菱マテリアルが中国において訴えられた案件があって、二〇一五年に総額で八〇億円にのぼる賠償を払うことによって和解をした事例もあります。

このように、三菱グループもずいぶん矛盾したことをやっているのです。対中脅威論をあおって防衛費増額で儲けさせてもらいたい一方、中国ではそうやって金を払って商売を進めていこうとしている。いったいどっちなのかと言いたくなりますが、企業とはそういうものなのでしょう。結局、どっちにしても儲かるよう、どちらにもbetする。それが資本主義的に合理的な経営なのでしょう。

ドイツにおいては統一ドイツになったときに、あらためて提起された問題に対して企業が賠償をするといったことがありました。これに対して、三菱重工などというのは、それこそ大日本帝国を支えた企業であるわけですが、どんな落とし前をつけたのかといったら、公式的には何も落とし前をつけていないのです。そのような体質の企業ですから安倍政権みたいなものになったら、容易に政権側に傾斜していきます。結局、そういう企業が日本の経済界の中核部を占めているということだろうと思います。

鳩山　先ほどの白井さんのお話でたいへん印象深かったのが、日本人のマインドが加害者というより、むしろ被害者の立場であるときが気持ちよいということです。そのように思う人々が拉致問題に飛び込んでいったのがよくわかりました。先の大戦では悪かったのは一部の方、すなわち軍部の中枢にいた人たちだけで、多くの日本人が被害者であった。その一部の人たちが、日本から見て正しいかどうかは別にしても、A級戦犯として裁かれたのが東京裁判でありました。

この多くの日本国民が被害者であったということを、のちに言ってくださったのが中国の周恩来首相でした。周恩来は、中国の国民も日本の国民も日本の軍国主義者の被害者であるという理解を示し、それによって日中の国交正常化が成るわけです。ですからA級戦犯が祀られている靖国神社に、一般の人ならいいのですが、政府の首脳が行くということは、この約束事を破り、日本に歩み寄った中国の気持ちを逆なですることになりますので、彼らが怒るというのはとても私には理解できることです。

白井　一部に悪いやつらがいて、それが善良なる国民を引き回して、ひどいことをさせたのであるという話はフィクションなのですが、そういうフィクションをつくらないと戦後の世界が構築できなかったのです。ドイツも同じことをやりました。公式のドイツ史においては、あれはナチスが悪かったのだということになっていて、ドイツ民族が悪かったという論理構成にはなっていないわけです。

ですから、ある意味中国は大人の態度を示してくれたのであって、日本人一人ひとりが悪かったのだと言い始めるとどうしようもなくなるので、一部、軍国主義者が悪かったのだということにした。そんなことは嘘っぱちだと誰もが知っていますが、そうとでもしておかないと仕方がない。「それはお前たちもわかっているよね」という約束を、国交回復時の基礎においているわけです。

おもしろいのは中国の盧溝橋にある対日戦争の歴史博物館などに行くと、基本的にいまでもその歴史観で展示がされているのです。例えば、日本の当時の新聞などがたくさん展示されていて、非常に悪い人たちが一般国民をだまして、ひどいことをした。だから日本人すべてが悪いということではないというストーリーを示していて、基本的に公式史観が貫かれています。ですから逆に言えば、そういう約束をこちら側が破った場合には、当然、敏感に反応してきます。

第7章

「永続敗戦レジーム」から脱却するために

「永続敗戦レジーム」から、なぜこれまで脱却できなかったのか

白井　「永続敗戦レジーム」については、実はこれまでに何度もやめるチャンスはあったのです。石橋湛山が病気にならなかったならば、などといったあまり昔の話をしても仕方がないので、最近のことで言えば、冷戦構造の終結は非常に大きな出来事でしたので、そのあと何度かチャンスがありました。細川政権がそうでしたし、もちろん鳩山政権もそうです。

鳩山政権のときに明確な姿勢が出てきますが、細川政権でもすでに、ある種、アメリカと敵対するということではなく、要するにアメリカ一辺倒というのはバランスを欠いているのではないか、これを見直そう、というスタンスを打ち出した。これはとても当たり前の話ではあるのですが、ものすごい勢いでいま反作用が働いていて、こうなっているのです。

細川政権と鳩山政権の間の期間、橋本政権あたりのとき、アジア金融危機への対処にお

けるＩＭＦのやり口に対してマレーシアのマハティールは激怒し、言うことを聞かずに自力で危機を脱します。そのとき、欧米の金融資本にいいように収奪されるよりも、アジアで団結をして真っ当な金融の体制をつくる必要があると考え、そのリーダーを日本にやってほしいと提言するわけです。日本はそれを、アメリカに遠慮して断ってしまう。結局このように、これまでずっと日本側が自発的に降りたり、あるいはアメリカに水面下で恫喝をされたりして、チャンスを逃し続けていまに至るのです。

ですから、なぜこれまで対米自立に失敗をしてきたのかといったら、意志が弱かったということもそうでしょうし、戦略が拙かったということもあると思います。しかし、現在の政治に目をやると、意志すらなくなりましたという状態になっていて、いわば永続敗戦レジームというものが純粋化する状態になってきてしまったと感じます。その存在基盤が失われれば失われるほど、それが純粋化をする、その本質が結晶してくるという状態になってきてしまったというのが私の現状認識です。

木村　いまお話に出た九三年の細川政権や、二〇〇九年夏の政権交代、またマハティールさんが提起したアジア経済圏構想も、東アジア共同体を提起された鳩山先生はすべて中心で関わっておられますよね。その問題をどういうふうにご覧になられますか。

鳩山　これは前にも少し述べましたが、細川さんと久しぶりにゆっくりとお話をしたときに次のようにおっしゃっていました。やはりいまの政治は問題であるし、これを変えなければならない、そこに自分も何らかの形で関わっていきたい。ただ今回は、相当の覚悟を持って臨まないと成就できないだろう。それはアメリカに対して、どう、しっかりと対処していくのかということにかかっている。命を懸けるぐらいの覚悟をもってそこに臨むメンバーが、一〇人ぐらい日本に出てこないものか、とおっしゃっていました。この細川さんのアメリカに対する覚悟は、彼がつくった私も出席していました防衛問題懇談会で作成した「日本の安全保障と防衛力のあり方」、通称「樋口レポート」の中で、国連重視の多角的安全保障を謳ったことに対する、米国や米国に気がねした日本の官僚の過剰な反応を経験されたからではないかと思います。

また、自分が首相をしていたときには、アメリカと日本の官僚機構、もっと言えばメディアも含め、すべてが既得権の中で強固な体制を築いていて、そこの一角をつぶそうとしても、全部がこれほどまで強力に反対してくるということに、ご自身もそれまで気づいていなかったともおっしゃっていました。これは私もまったく同じで、ここまでの強固なものがあるとは首相になるまで認識していませんでした。

私の場合は官僚主導から政治主導を掲げていて、官僚機構を変えることが可能だと思っていたし、そのために事務次官会議を廃止するというところからスタートしました。日米関係も、よりアジアを重視する方向で見直そうとしました。メディアに対しても、記者会見をオープンにしようとしました。さらに言えば、大企業に対して、厳しいCO_2削減を求めました。しかしそういうこと全部が、一つの既得権の構造の中で協力し合いたいへん強い反発力を生じさせてしまった。自分もそれと闘う十分な覚悟が足りなかった。まさに白井先生がおっしゃったように意志の問題だと思うのですが、そこまでの認識も足りなかったし、意志も足りなかったということに尽きると思います。いまの政権はまさに、その意志すらなく、その点は非常に寂しいところです。

しかし、このような問題意識をお持ちの方もまだいるわけです。そういう方をできるだけ増やしていく努力をいまからでもしなければならないし、それを政治の形に表わしていかない限り、日本は変わらないと思いますので、ぜひ諦めないでいただきたい。

木村　冷戦後の過渡期において、いい意味での揺り戻しがありました。細川政権ができ、アメリカ離れといわれた自立の方向が少し見えてきて、樋口レポートなども出されました。その前には河野談話が出され、村山談話もその後に出されます。

しかし、九〇年代半ばから、悪い意味の揺り戻しがされて、「第二の逆コース」といえるような動き、例えば新しい教科書をつくる会などができ、一九九九年の第一四五回国会で有事法制、国旗国歌法、盗聴法などが通りました。作家の辺見庸さんなどが指摘されるように、「戦後民主主義の決壊が始まった歴史的な基点だ」というふうに言えるでしょう。そして、二〇〇一年の九・一一事件で、それが加速化されます。僕は「テロとの戦い」とは、冷戦に代わる「幻の第三次世界大戦」。冷戦を第三次とすれば、「幻の第四次世界大戦」でもあったと思うのです。

再びいま、テロとの戦いの第二幕が世界各地に起きるテロ頻発を受けて、開かれようとしている。これは僕の言葉で言えば、「グローバル・ファシズム」です。世界的な警察国家化、戦争国家化が一挙に出てきていると考えられます。そうした流れに抗するためには、日本の国内ももちろんですが、世界的レベルでの「グローバル・デモクラシー」という対抗勢力を構築していく必要があると思っています。

鳩山　テロとの戦いを虚構とおっしゃいましたが、この「テロとの戦い」という言葉は非常に反論しにくいメッセージです。また、現実にテロがＩＳを中心に起きていることは事実で、テロとの戦いと言われれば拒みにくいですが、テロは悪くて戦争は正しいのかといえばそうではない。空爆のほうが、もっと多くの無辜《むこ》の市民を殺してしまっているのも現実で、それがメディアではあまり報じられないで、逆に大都市でテロで亡くなったということになると、それが大々的に報じられる。これはメディアの問題もあると思います。日本のメディアはいまでも、欧米、特にアメリカ寄りの報道を流し続けています。

テロと戦うために日本も武力行使、すなわち戦争に参加する道をつくらないといけないという方向に世論が誘導され、そのことが安倍政権を支えることになってしまっているということは、たいへん許し難いことです。むしろ戦争こそやめるべきで、パリの同時テロは、フランスが空爆を始めてから起きた事件です。ＩＳがなぜ、こういう行動を起こすのかという根本に立ち返った中で、どうすれば日本としてＩＳの問題を若干なりとも解決に向けて手伝うことができるのかを模索することこそ必要なことです。いまこそ、宗教的には中立であった日本の役割が本当は求められているのではないかと思います。安倍首相のイスラエルでの発言で、テロと戦う欧米の側についてしまったかのように思われることが、日本自体をたいへん不安に陥れてしまっているように私には感じられるのです。

木村　テロとの戦いというのは、原点が二〇〇一年の九・一一事件です。アメリカの括弧付きの「同時多発テロ」ですが、やっぱり僕は原点に戻って、あの事件は、はたしてどういったものなのかということを、世界中の人がもう一度考える必要があると思います。本当にアルカイダやビンラディンがやったものであったのかをです。それにより、テロとの戦いを虚構と見なすか、実体のあるものと見なすかだと思います（拙編著『9・11事件の省察—偽りの反テロ戦争とつくられる戦争構造』を参照）。

確かに世界中で、あれだけアメリカなどが怨念をばらまいているわけですから、その人たちが報復として何か攻撃をしてきて、それがテロと言われるものとして出てきていることは事実ですが、それがはたして冷戦時の共産主義やソ連に代わるような大きな脅威なのかといえば疑問です。僕はそういう脅威は、ほとんどなくなっていると思っています。要するに世界にとって共産主義に代わる大きな脅威というものは実は何もないので、それに代わるものとして、ネオコンや軍産複合体が中心となって、イスラム原理主義をテロとの戦いに結びつけてつくり出そうとしているというのが、私の基本的な見方です。

シャルリー事件のときも孫崎さんが指摘なさっていましたが、軍事力ですべてを殲滅するというような発想では、テロがなくなるわけがない。むしろそのようなことをしたら、テロは永遠に続く。なぜテロが起きるのかを根本的に考えれば三つの要因があげられます。

第一番目はアメリカを中心とする有志国連合、これには日本は、もうすでに入っていますが、それがイスラム圏を中心に不必要な不正義の軍事介入を行い続けているからである。また、第二番目がヨーロッパの移民社会の中におけるイスラム教徒に対するあまりにも差別的な扱いが貧困を生み、恨みを買っている。そして、第三番目がメディアの取り扱いで、シャルリー・エブドで言えばイスラムの指導者を、あれほど侮蔑するようなことをして、それを表現の自由で居直るというのは本末転倒ではないか。イスラム教徒の怒りを買うような行為を意図的にやっていて、それを何か、正しいかのような言説がまかり通っています。はっきり言ってアメリカとイスラエル、それを支えるイギリスや日本が変わり、これらのことを根本的になくせば、世界のテロはほとんどなくなると指摘していますが、私もそう思います。

世界、国際社会にとって、もっとも大きな脅威は何なのか。これはある世論調査でも出ていたようにアメリカだと言われているのです。あるいはイスラエルとも言われます。僕は、ブッシュ政権が言っていたような北朝鮮でもイランでもイラクでもないと思います。ましてや中国でもない。そこの根本の部分で、いま、正邪が逆転している。ジョージ・オーウェルの『1984』のような世界に、もうすでになっているのではないでしょうか。そこにメスを入れない限り、根本的には変わらないのではないかと思っています。

いま日本にあるのは、疑似ナショナリズムだ

白井　対テロ戦争の話を受けて言いますと、いま、ちょうど世界的に話題になっているのがミシェル・ウエルベックというフランスの小説家の『服従』という作品です。日本でも河出書房新社から出て、私もちょうど読んでいたのですが非常におもしろい。約一〇年後の近未来を想定したストーリーで、フランスの大統領選で極右の国民戦線とイスラム同胞団のようなイスラム教政党の候補者が決選投票で残ることになります。極右だけはいやだということで、社会党などがイスラム勢力の支持に回り、要はムスリムのフランス大統領が誕生します。

主人公はソルボンヌ大学の四〇代の文学の先生という設定ですが、大統領が代わったときにソルボンヌがサウジアラビアのオイルマネーによって買い取られてしまいます。そこでは、もうムスリムに改宗しないと教職を続けられないということになり、教員を辞めることになりますが、あなたは優秀だからということで、戻ってくるように説得されます。

いかにイスラム教が素晴らしいかということを説得されて、結果、改宗して大学に戻るという筋書きです。

本当にそういうことが近未来に起こるのではないか、という不安が表現されているのと同時に、ソルボンヌをクビになった主人公は、若くして年金をもらってブラブラしている状態になるのですが結局、ものすごく満たされないのです。別に大学をクビになったから満たされないのではなくて、そもそも生活が空虚であるという満たされなさがあり、それで「改宗して、大学へ戻らないか」と言われたら、戻ってしまうのです。

つまり、ここで何が表現されているのかというと、現代ヨーロッパの精神的危機というか、自信喪失です。要するにいま欧米がやっている対テロ戦争も、「イスラム教の原理主義はただの邪教にすぎない。だから少々の犠牲が出ても、これを殺し尽くすことが圧倒的な正義だ」という自信があればやるわけです。しかし、それができない。イスラム原理主義テロリズムの打倒が正義だと本当に思っているのだったら命を張らなければならない、と主張する人すらいない。単に空爆するだけではなく、地上部隊を派遣して恐ろしい戦争をやって平定するのだ、というようないわば強烈な意志を、もう欧米人は全然持っていないこと、そしてそのような精神状態にあることに対する強い焦りのようなものを感じていていることをウエルベックの作品は示唆している。

それでは逆に、テロリスト、武装勢力と言われる人々の側はどうかと言えば、その持っている兵器は高度化してきているとはいえ、空軍力も海軍力も持っていません。上空からバンバン爆弾を落とされて、それに対して、ほとんど対抗する手段を持たない。にもかかわらず、彼らは戦いを続けることができているというのは、これはある意味、驚くべきことです。

おそらく彼らのプロパガンダの使い方のうまさなどが作用しているのは間違いないと思いますが、いわば行き詰まったヨーロッパの閉塞感に、つけ込んでいるところがあると思います。

これは一神教同士の戦いですから、相当たちが悪いというか、ややこしいのです。どういう趨勢に結局のところなっていくのか、私には短期的にも長期的にもよくわかりません。つい先日、ムスリムのロンドン市長が誕生するという明るい話題もありましたが、寛容と融合の路線が事態を収拾できるのか、見通しは簡単には開けません。少なくとも私たち日本にいる立場からすると、どちらかに加担するというような話ではないと思います。

ただし他方で、まさにウエルベックの小説が描き出している欧米が落ち込んだニヒリズムは日本にとっても無縁ではありません。人権や民主主義を価値として奉じてきたが、結局、それを本気で言ってきたのかというと、それらは宗教に取って代われるものではなかったという現実にいま突き当たっていて、それが欧米で、ある種のニヒリズムを生み出していています。その精神状況をウエルベックは描き出しているのですが、これとそう遠くないニヒリズムの状況は実は日本にも蔓延していると思うのです。

原発が爆発し、国土と海をすさまじく汚染しました。私はそれに対してある種の痛みのようなものを覚えますが、原発をなおも推進しなければいけないと思っている人たちにとっては、そんなことはどうでもいいということなのでしょう。国土がいくら汚れようが、どうでもいい。要するに守るべき国土なんていうものはないということです。彼らにとって守るべきものは何もない。

だからいま、ナショナリズムが日本で猖獗《しょうけつ》を極めていると言われますが、実は、そんなことはないのです。ナショナリズムなど存在せず、いわば疑似ナショナリズムというようなもの、単に強者におもねる奴隷根性がヒステリー反応を起こしているという現象があるだけだと思っています。それは、ものすごくニヒリスティックな状況です。

もちろん政治というものが、そういった人々の精神状況にまで介入するべきかと言えば、それは相当、微妙な問題で、それを意識し過ぎると、ある種のファシズム的な運動にもなります。ただし、やはりいま安倍さんの政治を見ていると、いまの日本人の非常によくなっているマインドの状態に適合した政治をやっていることは間違いないと思うのです。人々の悪い感情というものをうまく吸い上げて、憎悪、羨望、嫉妬といったような悪い感情、誰しも持っている負の感情の部分というのに依拠する政治、これがまさにファシズムの一面に他ならないわけですが、いまの政治はそのようなものに接近しています。

それに対してかつての民主党の政治というのを見てみますと、だいたい代表の岡田さんなど、まず大衆の感情と接して何かをしようというスタンスが、そもそもない。それでは、動員できるわけがないのです。

木村　イオンの御曹司ですからね。

鳩山　ただ、だからといって、人の憎悪や嫉妬につけ込む政治をやるよりはマシかと思いますが。本来は、大衆の感情に敏感な党という意味合いを込めて党名をつけたのですが、そうならなくなってしまったことは無念です。

白井　さらに、もうちょっとプラクティカルな話をしますと、なぜ彼らがどうしようもないのかといえば、何がいま、根本的に解決しなければいけないことなのかということを考えようとしない。歴史的経緯と現在に関して明らかになったことをもとにして、ものを考える能力を欠いているからということです。要するに何もわかっていないということです。

新安保反対運動を通して、ある程度の物事の構造がちゃんと見えてきた人が民主党の中にも出てきたように私は感じていました。例えば福山哲郎氏ですが、お会いしたことがあります。そのとき「『永続敗戦論』を私は愛読しています」と言っていました。しかしその後の発言を聞いてわかったのは、彼は虚言癖があるか、国語力がまったくなくて何も理解できないのか、どっちかであるということです。彼は松下政経塾の出身です。私は以前から、松下政経塾出身者にはろくな人材がおらず、まったく信用ならないと思っていましたが、二〇一五年の新安保法制反対への取り組みを見て、松下政経塾出身でも、なかなかちゃんとした人も出てくるのかなと思っていたわけです。前原氏の弟子のような立ち位置をとっていても展望がないということがわかってきたのかと思っていました。ところが福山氏は、先立っての京都市長選における現職、共産党以外全部総乗りの門川大作市長の応援では、応援すること自体は私が何か問題視するようなことではありませんが、わざわざ共産党との対決を前面に押し出してきた。要するに何もわかっていないということです。

木村　細野さんもそうです。

白井　そうですね。もとから何もわかっていない。結局、民主党に残留した人たちには、ほとんど使える戦力がいなかったということです。筋を通す人は離党をしたか、落選したということです。

木村　その代表格が川内博史さんですね。現職では近藤昭一さんや小西洋之さんとかもおられますが、いま目立つのは、一人でがんばっている山本太郎さんぐらいですかね。

白井　いま、民主党の話をしましたが、それは連合の問題でもあります。先ほどの福山哲郎氏の問題発言も、京都の連合の新年会で出てきた発言です。連合の主流とは、言ってみればケチな反共主義者にすぎないわけです。だからいまの民進党議員の多くが連合の立場を慮って、共産党と力を合わせるわけにはいかないと言っているのです。

連合の中には、日教組も入っています。私は今年、日教組の大会で講演をしましたが、「なぜあなたたちは、連合に見切りをつけないのか」という日教組批判をしてきました。本当に矛盾の塊です。

「連合の一員であることによって、日教組は中道派だというふうに見られたいのか。しかし、右翼からは極左だと思われている。どうせ、そういう偏見を持たれているのだから、いまさら外聞を気にしたって何の意味もない。いまの連合の会長の姿勢を見ろ。あれを下から徹底的に突き上げるというのが、あなた方の仕事ではないのか。それをやっているのか。やっていないのだとすれば、それは、連合などもはや政治的に無意味だとわかっているということだろう。それなのになぜ、あなた方は連合をやめないのだ。戦争法案反対なども、組合員は言っているけれど、本気なのか。明らかに本気ではないでしょう」という話です。

あるいは脱原発も同じです。電力労連と一緒にやりながら、何が脱原発だ。冗談はほどほどにしていただきたい。自分の言葉に責任を持て、ということです。

結局、政治家もそうですが、それを支えているところのこういった団体もまったく、同じ体質なのです。安倍政権打倒とか何とか威勢のいいことを言っていても、本気でやろうとしている形跡がないのです。

東京オリンピックを招致しようという日本人の狂った発想

白井　僕が永続敗戦レジームと言っているものは、冷戦構造が崩壊したと同時に耐用年数が過ぎたのです。それを二五年以上にわたって無理やり持たせているので、これは柱のない家ですから、僕が批判をしようがしまいが、いつか崩れるのです。

問題はそれがハードランディングなのか、ソフトランディングなのかということです。ソフトランディングとは、内側から変えていかなければならないという意志が高まってきて、しかるべき形へと転換していくというものですが、ハードランディングとは、それができずに外的強制力によって崩壊させられるということです。それが対外戦争なのか、あるいは財政危機によるハイパーインフレーションや預金封鎖といった類いのことなのか、あるいはその両方なのかわかりませんが、いずれにしても破局を伴って崩壊するという形で終わるというものです。

僕としてはできる限りソフトランディングしてほしいと思って、いろいろな分析や意見表明をしてきたわけですが、やはりさまざまなところで次々に破綻してきているにもかかわらず、相変わらず安倍政権が選挙をやれば勝ち続けるという状況が続いていますので、これはハードランディングにならざるを得ない状況が近づいてきています。もう一遍、落ちるところまで落ちるしかないのかもしれません。

例えば、その一つの表れが二〇二〇年の東京オリンピックです。これは開催できるのかどうか、だいぶあやしくなってきたと思うのです。新国立の問題もコンペのやり直しで一件落着したようになっていますが、とんでもない話で、ザハ・ハディド事務所は知的所有権の侵害で徹底的に法廷闘争をやってくるでしょうから、今後もこの競技場の問題をめぐっては恥の上塗りをやることになるでしょう。

それから海外で報じられているところによれば、二〇二〇年のオリンピック開催地争いで、終盤、トルコのイスタンブールと東京がマッチレースになったとき、東京が裏金を使ったとも言われています。ＩＯＣなんて、しょせんそういう組織だと言えばそれまでなのですが、そのような流れもあって、僕はいよいよ東京開催は危機的だと思っているのです。

しかしこのような状況に至るのも、当たり前なのです。もともとなぜ、東京でオリンピックをやらなければならなかったのか。それは端的に言って、福島原発事故を忘れるためです。あんなたいへんな事故が起こってしまって、どうしたらいいかわからないのです。いまだに根本的にはどうしたらいいかわからない状況が続いていて、どう対応すべきかという問いに対して出した答えが、「東京でオリンピックをやればいいのだ」という答えなのです。

この論理変換というものは、もう完全に頭がおかしいとしか言いようがないわけです。ある種、狂人の論理です。こういう状態に日本人の多くがあるという現実を見ると、これは行くところまで行くしかないのではないかと思えてきます。それは、ある種のハードランディングです。僕はいま、そのあとを考える必要が、そろそろ出てきているのではないかと思っています。これがいま、僕が持っているこの国に対する展望です。

鳩山　いま、白井さんのお話を伺っていて思い出したことがあります。私が退陣したあと、菅総理が突然、消費税増税を言い出しましたが、これには伏線がありました。私がまだ総理のときから、日曜日ごとに何度も彼がやってきて私に言うには、普天間問題はたいへんだ、でも普天間を忘れさせるためにはもっと大きな問題を言えばいいんだよ。それが消費税増税だ。だから消費税増税を提案しなさい。そうすれば普天間は忘れられるからというふうに言われました。そんなことできない相談だと、終始、私は首をタテに振らなかったのですが、彼は総理になった途端に本当に言ってしまった。

結果として菅総理のときには、確かに普天間の話は消えたのですが、消費税というさらに大きな問題が表面化して選挙に大敗をしました。この論理と、オリンピック招致の論理は似ているようにも感じます。まさに福島を忘れるために東京オリンピックを開催しようと進められていますので、私はいま、元スイス大使の村田光平さんの、何とか東京オリンピックをいまのうちに名誉ある撤退ができないだろうかという考え方に共鳴をしています。リメンバー福島ではありませんが、福島を忘れさせないために日本に人を結集させるというのであればわかりますが、福島を忘れるためにということだと私は賛同しかねます。福島原発はいまだ落ち着いたわけではありませんし、何が起きるかもわからない状況です。汚水処理方式は破綻して、放射性物質は海に、空に、陸に、地下水に流され続けています。これから甲状腺がんが、残念ながらもっと増えてしまうのが現実でしょうから、こういう日本に本当にアスリートを送り出していいのか、あるいは見に行けるのかという気持ちに、あと数年で必ずなっていくと思っています。であるならば、どうせ最後はやめなければならないのであれば、いまのうちに名誉ある撤退をするべきではないかという考え方に同意をするものであります。

この国を没落へと後押ししているのがメディアだ

鳩山　経済の面について言えば、東京オリンピックまでは日本は景気は大丈夫だと謳っていますが、もちろん景気は悪いよりいいほうがいいのですが、アベノミクスもうまくいかなくなってきた。ＴＰＰが動き出せば為替操作ができなくなるでしょうから、円ドルの操作もいままでのような状況にはいかなくなる。すなわち金融緩和などの政策を強力に打ち出すことも、できなくなるのではないでしょうか。だからこそＴＰＰのようなアメリカの戦略に乗るなというのが私の考え方ですが、そのようなことも含めて考えると、アベノミクスはもう崩壊し始めていますが、これがますます崩壊していくと考えます。ただ崩壊していっている現実を、メディアが官邸に慮って必ずしも報道していないということが、問題をさらに深刻化させているのではないかと思います。

私が申し上げたいことの一つは、やはりメディアがこの国を没落させる、あるいは、よりひどい状況に追い込むたいへん大きな役割を残念ながら担ってしまっているということです。本来ならば白井さんや木村先生のような、この国を憂える思想をもっと国民に知らしめる、そして啓蒙させる役割があると思うのです。もちろんいくつか正しい見識を持ったメディア、例えば東京新聞のようなところもありますが、ほとんどのメディアは官邸に唯々諾々というありさまで、これが日本をネガティブな方向にさらに加速させてしまう結果になっているのではないかと考えています。

そのような現実を見ると、白井さんがおっしゃるように落ちるところまで落ちる、すなわちハードランディングしかないのかもしれないと思えてきます。崖から落ちてもメディアは落ちたと言わないかもしれませんが、そのようなところまで追い込まれない限り、なかなか国民自身は目覚めないのかもしれない。木村さん、白井さんのお二方にはすでに本、その他の媒体を通じて努力をされていますが、もし、国民のすべてが例えば白井さんの『「戦後」の墓碑銘』を読まれたら、全員がこれはたいへんだということに気づくはずです。ですから、例えば参議院選挙の前までの間に開明的な方々が何らかの結集をされて、メッセージをきちっと出されるようなことをしていただきたい。先ほど申し上げた細川さんもまだまだ存在感のある方ですから、こういう方も含めて、まずは小さな流れでも、次第にそれを大きなものにしていく方向性を早急につくって、ハードランディングさせないような状況にしていければと私は期待をしています。

白井　いま、細川―小泉ラインはどのような関係になっているのですか。

鳩山　細川―小泉ラインは、脱原発ということのみにおいて協力的に行動をともにされているようです。ただ私が細川さんに伺った話では、小泉さんはアメリカに対しては、わりと協調的で、そこが自分との違いとおっしゃっていました。脱原発一つだけで戦うということは、なかなか難しいでしょう。この国の未来を示すとすれば、アメリカにどのように対処するか、官僚も含めてですが、きちっと覚悟を決めて論理づけなければならない。そこに脱原発以外のテーマも当然出てきますので、アメリカに対してあまりにも協調的すぎる方は、なかなか一緒に行動していくことはできないのではないかと思います。

白井　小泉さんは、ごく単純にアメリカについていけば絶対日本が栄えるのだというふうに本気で信じているのでしょう。その意味で、屈託がない。安倍さんは、そこはちょっと違いますよね。

　やはり屈折したナショナリズムだし、かつ、そこに彼自身の屈折が重なって非常にゆがんだ政策に帰結している。しかもそれが、いまの日本人の精神状態とシンクロしているのです。だから安倍さんはある意味、国民から支持を受けているのだと思います。少なくともあるクラスターからの支持を受けている。もちろん、あんなのいやだと思っている人もたくさんいるわけですが、ただそのときに別の選択肢があるかというと、これが難しい。そのような状況に、あるのだと思います。

それではいま私たちがやらなければならないことは何かと言えば、鳩山先生がおっしゃったとおりで、いかにそういう陣形をつくっていくかということに尽きるのですが、結局、誰がやるのかという問題です。

鳩山 人材なんです。白井さん、立ち上がらないと（笑）。いや、まさに人材だと思うのです。

木村 現職で際立った活躍をされているのは、山本太郎議員ですね。僕がいま最も期待しているのが細川―鳩山ラインにつながる川内博史先生です。川内さんには次の選挙で何としても当選して国政にカムバックしてもらわないと。

鳩山 私ももちろん期待しています。これまでこういう人材が日本の政治で常に主流から外される運命にありましたが、そういう人間こそ、ど真ん中に入っていけるような政治に変えていかなければいけないのです。

また私はこうも考えています。やはり政治家を経験している人間は多くの国民からすると、もうすでにいろいろな意味でレッテルを貼られてしまっていますから、なかなか新鮮な目で見つめ直してくれにくい状況があります。それを考えると、まさに大きな安倍政治に対して真っ向から挑戦できる。しかも共産主義というか、共産党ではない。共産党と協力することは必要ですし、共産党が一番筋の通った主張をしていることは事実ですが、共産党とは必ずしも一致しない。しかしながら安倍政治にはきちっとしたメッセージを持った政治の流れをつくる場合は鮮度が大事だと思っています。既存の政治家、レッテルを貼られてしまっている政治家が、あまり表に出過ぎないほうがいい。そう思っているのです。

木村　僕は例えば、SEALDs琉球の元山仁士郎さんにも大いに期待しています。ただSEALDsは、まだ若いので白井さんのような、三〇代後半、四〇代の中から救世主が出てきてほしいというのもありますね。

鳩山　白井さん、政治家になるおつもりは。

白井　いや、ないです。私は早く思想史の仕事に戻りたいんです（笑）。

木村　最後に申し上げますが、このまま二〇二〇年まで安倍政権が続いて、安倍首相のもとでオリンピックを開催するというのはまさに悪夢だと思っています。いまの日本は民主主義からファシズム、平和国家から戦争国家へと向かいつつあるので、アジア、朝鮮半島あるいは沖縄が戦場になるような地獄絵を再び繰り返してはならないと強く思います。先ほど鳩山先生も言われたように、日本のこの状況を深刻化させている原因として、一つにメディアの劣化という問題があります。そして司法の暴走という問題も重要です。この二つによって、不当な弾圧が行われているという問題の深刻性を、多くの国民に一刻も早く気づいてもらいたいところです。

新しい希望の芽は白井さんも指摘されたように、ＳＥＡＬＤｓに象徴されるように、いま、国民が少しずつ目覚め始めているという点です。また、沖縄の人々は一貫して戦っていて、私たちに勇気を与えてくれています。お二人がそうであるように、私自身も、もっと声を上げていき、この深刻な状況と立ち向かう覚悟を持って生きていきたいと考えています。

今回の三人の鼎談は、そういう意味で、いまの日本の置かれている本当に深刻な実情を率直に語っていただき、問題の所在がかなり明らかになったのではないかと思っております。

おわりに

白井聡

私が『永続敗戦論』という書物を書き、戦後日本とは何であったのかについての自分なりに本質を衝いたと思われる見解に到達した最初のきっかけは、二〇一〇年の鳩山由紀夫政権の退陣劇、そこで起きたことの本質をよく考えることだった。

いまでもよく覚えているが、当時、ある大学の非常勤講師の仕事へと向かっているときに、カーラジオから流れてきたニュースで、私はそれを初めて知った。直後の授業で、私はそのニュースを学生たちに知らせた。そのときにどんな解説を付けたのか、全く覚えていない。おそらくは、およそ中身のある解説はできなかったはずだ。なぜならそのとき、「何かがおかしい、歯車が狂っている」と感じながら、何がおかしいのかつかめない、靄《もや》の中にいるような気持ちがしていたからである。

その後の菅政権の財務省へのすり寄り、民主党政権のマニフェストの実質的放棄、といった過程を目の当たりにし、その上であの退陣劇の本質を考察することで、私は「永続敗戦」の概念へと近づいて行くことになった。要するに、政権交代などこの国ではできないと端から決まっているのではないか。だとすれば、戦後民主主義とは何なのか。民主主義はどこにあるというのか。

いったい何が戦後民主主義に対する決定的な制約になっているのかをよく考えたとき、鳩山退陣劇の本質が見えてきた。その制約とは、つまるところ、アメリカであり、日本の政官財学メディアの中枢を占拠する勢力の対米従属である。「(沖縄普天間基地の移設先を)最低でも県外にする」という日本国民との約束を果たすために、「辺野古に新基地をつくる」という日米間の合意を無効にしようとした日本の首相は、アメリカの手によって間接的にクビにされたに等しい、と私は『永続敗戦論』において書いた。

そして、このように日本が主権を制約されていることが認識されているならば、まだ状況はマシである。あの退陣劇が異様だったのは、大メディアのうち、主権の制約の事実、言い換えれば「われわれは敗けた」のだという事実に触れるものは一つもなく、すべてのメディアが鳩山由紀夫という政治家個人の資質に対する批判を喚《わめ》き立てた。

これはいったい何だったのか。「最低でも県外」の方針の挫折が、よく考えれば、鳩山氏本人の政治手法云々という次元にとどまらない問題であることに気づき、そしてそのことを誰も言わずにメディアが総がかりで個人攻撃に血道をあげていることの異常さに気づいたとき、私のなかで、退陣のニュースを聞いたときにかかっていた靄が晴れたのである。要するに、個人攻撃のおしゃべりに耽ることは、「敗けた」という憂鬱な事実を見ないで済ませるための手段だったのだ。さらにそれは、一九四五年八月一五日を日本国民が「終戦の日」と呼んでいる、その精神的習性と全く同じである。そこには、「敗北の否認」が共通して横たわっている。

『永続敗戦論』の刊行後に明らかになったのは、あの退陣劇の過程は、「アメリカが間接的に日本の首相をクビにした」というものですらなかった、という事実である。本書一〇九～一一一頁で詳細に語られているように、鳩山氏を引きずり降ろしたのは、アメリカではなく、アメリカの意を忖度し、またアメリカの意を「虎の威を借る狐」式に振りかざす、日本の官僚と政治家であった。

彼らは「敗北の否認」を考え得る限り最も洗練された形でやってみせた。なぜなら、「最低でも県外」という日本国民の主権的意思とアメリカの国家意思が明白に衝突して敗北する前に、そもそも衝突しなければ敗北もあり得ない、という状況をつくり出すことによって、敗北をあらかじめ消去してみせたからである。しかし、もちろんこれは誤魔化しにすぎない。喩えるならば、彼らのやっていることは、投げ飛ばされないために土俵に上がるのをやめて不戦敗になる力士と、何も変わらない。私の「敗北の否認」という概念に基づく分析は、当たっていたと同時に、現実はさらに輪をかけて酷いものであった。

あの退陣劇以来、鳩山元首相は、主流派メディアから散々に叩かれてきた。その理由は明らかだ。なぜなら、鳩山氏こそ、あの退陣劇を通じて「永続敗戦」状態を表面化させた張本人であるからだ。しかも、永続敗戦レジームを恒久化させることによって自己の地位を確保している人々、言い換えれば「敗北の否認」を生業としている人々にとって不愉快なことには、現在の鳩山氏は自らが喫した敗北と失敗を直視している。この姿勢によって、鳩山氏の存在そのものが、対米従属利権共同体――大メディアはその一角である――に巣食う人々の欺瞞性に対する、静かな、しかし痛烈な批判となっている。

本書に見られるとおり、この敗北と失敗の原因を仔細に分析するところからしか、永続敗戦レジームがいまだに維持されている理由と、それを消滅させる手立ては決して見つからない。鳩山氏の経験に学ぶことは、まさに国民的な課題である。

最後に謝辞を。

政治の世界は、嘘や謀略に満ち溢れた特別な世界であるとよく言われます。私は、自分の経験から、そのような見解に全面的に与することはできません。おそらくは、自らが嘘と謀略を通じて政治の世界から自分の利益のために何かを引き出そうとするときに、政治の世界は嘘と謀略に満ちたものとして現れるのではないでしょうか。私がこの書物のための対話でやったことは単純であり、それは自分の考えを話すことと、愚直な質問を投げ掛けることだけでした。それは言い換えれば、私が無遠慮であったことを意味しますが、常に率直に応じてくださった鳩山元首相には、ここであらためて心からお礼を申し上げます。そして、この企画を提起し、実現に漕ぎつけてくださった木村朗先生に、心よりの感謝を捧げます。

あとがき

木村朗

本書には、これまでの戦後日本の歩みや歴史の流れだけでなく、いまの日本が置かれている現状と日本を取り巻く国際環境、そして今後の課題と方向性を三人の論者（鳩山、白井、木村）がタブー視されがちな話題・テーマも臆せず取り上げて縦横無尽に語りあった内容がそのまま盛り込まれています。本書の企画を提案させていただいたのは、鳩山先生、白井聡さんのお二人とすでに他の仕事を通じて面識のあった私のほうからでしたが、貴重な歴史的証言・資料となり得る予想以上の作品に仕上がったのではないかとひそかに自負しているところです。

鳩山友紀夫先生は、言うまでもなく二〇〇九年夏の政権交代後に登場した民主党連立政権時の首相であり、それこそ歴史の生き証人です。いま日本でマスコミを通じて伝えられる人物像・イメージと、実際に会ってみて初めてわかるご本人との印象のギャップが、もっとも大きな著名人の一人が鳩山先生なのかもしれません。初対面から数回の鼎談を終えての鳩山先生の印象は、頭脳明晰かつ上品で誠実なお人柄であり、穏やかな表情の中にも強い意志を感じさせる非常に胆力のある方だとお見受けしました。本書を読み終えたあとでそのことを実感される読者が多いであろうことを確信しています。なぜマスコミが鳩山先生の言動をとらえて「お坊ちゃん」「宇宙人」「ルーピー」といった言葉で常に揶揄するのかという理由も本書を通読していただければ、ちゃんと理解してもらえると思います。ここでいま言えることは、鳩山先生の存在と勇気ある言動が日米のある既得権益層にとってはきわめて不都合なものであり、それを恐れているからこそマスコミによるバッシングの対象となっているということです。それは劣化した日本のマスコミの実情を反映しているだけでなく、権力とメディアが一体化して行う情報操作に容易に騙される多くの情報弱者の存在を表していると思います。

もう一人の白井聡氏は、『永続敗戦論』で注目を集めた若手の論客であり、レーニン主義を研究する新進気鋭の研究者でもあります。この危機的な時代状況の中で、『「戦後」の墓碑銘』や『戦後政治を終わらせる』など警世の書を次々と世に問うだけでなく、政治のまっただ中に進んで身を投じて日本社会の「変革」、「民主主義革命」をもたらす原動力になろうとしています。白井さんと直接会って話すと、いまの日本はある意味で内戦状況なのだから、本気で闘う「覚悟」がすべての人に求められるとの主張に一片の嘘もないという気迫がひしひしと感じられてすごく頼もしく感じられました。今回の鼎談でも、戦後日本における敗戦の否認と際限のない対米従属を柱とする白井さんの「永続敗戦レジーム」の構図・枠組みの有効性を再確認させられると同時に、細部の事実関係にも目を配り、心理的要素も加えて戦後日本の軌跡と現状・展望を的確に分析・考察する様子に驚かされ感心させられることばかりでした。いまの日本にとってまさに希望の星ともいえる本当に貴重な存在になっていると思います。

現在の日本は、民主主義からファシズムへの移行、平和国家から戦争国家への転換という大きな岐路に立たされています。まさに戦後最大の危機のただ中にあるといえると思います。二〇一二年末に再登場した安倍政権は、明らかに前回（教育基本法の改悪や防衛省の設置などを行った第一次安倍政権）以上に強権的であり、日本を戦前回帰のファシズム国家に向かわせようとしていることは明らかです。

そのことは憲法違反の秘密保護法制・安保法制や沖縄の民意を無視した辺野古新基地建設強行、秘密だらけのＴＰＰ交渉、安全を無視した原発の再稼働・輸出、一般国民を苦しめる消費税増税などの姿勢を見ればよくわかると思います。特に深刻なのは、政府・官邸による恐るべき言論統制と情報操作であり、その結果、マスコミの自主規制と世論の萎縮、集団同調圧力の高まりと一般市民の沈黙・無関心・思考停止が急速に広がっています。「国境なき記者団」の世界報道自由度ランキングで日本の報道評価が民主党政権時の一一位（二〇一〇年）から、二二位、五三位、五九位、六一位（二〇一五年）、七二位（二〇一六年）と毎年下がり続けているのはその反映だと思います。二〇一六年四月一一日に訪日した「表現の自由」に関する国連特別報告者であるデービッド・ケイ氏（米国）の「日本の報道の独立性は重大な脅威に直面している」、「特定秘密保護法や、『中立性』『公平性』を求める政府の圧力がメディアの自己検閲を生み出している」という発言にも注目する必要があると思います。「戦争は秘密から始まる」とも言われるように、いまの日本は戦前の日本に逆行するかのような安倍政権の下でまぎれもなくいつか来た道を歩もうとしていると言わざるを得ません。東アジア地域、とりわけ朝鮮半島や沖縄を再び戦火にさらすような地獄絵図・悪夢を招来するのは絶対にあってはならないことです。

三人の鼎談で取り上げたテーマの一つが、東アジア共同体と沖縄の将来という問題です。

いまの沖縄は、辺野古新基地建設を目指す日米両政府によるあまりにも理不尽な巨大な権力行使に直面して翁長雄志知事を先頭に「オール沖縄」で人権と主権（自己決定権）を守る闘いを一貫して続けています。もしこのまま新基地建設が強行されるならば、これから沖縄の独立の動きが本格化する可能性は大きいと思います。そのときに東アジア共同体構想はそうした沖縄と日本本土との緊張関係を打開する鍵となるかもしれません。この沖縄問題を本当に解決するには、日米安保体制の本質としての「自発的な従属同盟」から脱却して、日本人の中に深く浸透している属国意識・奴隷根性を克服しなければならないと思います。

本書が「開戦前夜」「新しい戦前」とも言われるような戦争とファシズムに直面する時代状況の中で世に出されることになったのも、単なる偶然ではなく必然的な結果であり、大きな意味があるのではないかと考えています。今回の三人の鼎談では、現在の日本が直面する内外のさまざまな重要なテーマ・問題を自由かつ率直に語り合うことができたと思います。毎回の鼎談は、いつも緊張感がありながらも楽しくかつ有意義な時間であり、非常に刺激的で得るものが多かったと感じています。本当にご多忙にもかかわらず最後までおつきあいいただいた鳩山先生と白井さんには心から感謝しています。また、この三人の貴重な鼎談の場と共著出版の機会をいただいた詩想社の金田一一美社長にあらためてお礼を申し上げます。

最後に、この本はいま日本が本当に崩壊するか否かの危機的状況の中で世に出されました。本書がこの日本が直面する危機の本質とそこからの出口・方向性を考えるうえで何らかの参考となれば執筆者一同にとっても望外の喜びです。読者からの忌憚なきご意見・ご感想をお待ちしています。

（写真撮影・ヒロタノリト）

◎**著者紹介**

鳩山友紀夫（はとやま　ゆきお）

元内閣総理大臣、東アジア共同体研究所理事長。1947年生まれ。東京大学工学部計数工学科卒業、スタンフォード大学工学部博士課程修了。東京工業大学経営工学科助手、専修大学経営学部助教授を務める。86年、総選挙で旧北海道４区（現９区）から出馬、初当選。93年、自民党離党、新党さきがけ結党に参加。細川内閣で官房副長官を務める。96年、民主党結党、代表に就任。98年、旧民主党、民政党、新党友愛、民主改革連合の４党により（新）民主党結党。2005年、民主党幹事長に就任し、前原・岡田・小沢と３人の代表を支える。09年、民主党代表就任、第93代内閣総理大臣に就任。10年、総理大臣を辞任。12年、政界を引退。13年、一般財団法人東アジア共同体研究所設立、理事長就任、氏名表記を鳩山由紀夫から鳩山友紀夫に改名。

白井聡（しらい　さとし）

1977年生まれ。早稲田大学政治経済学部政治学科卒業、一橋大学大学院社会学研究科博士後期課程単位修得退学。博士（社会学）。専門は社会思想、政治学。日本学術振興会特別研究員、文化学園大学助教等を経て、現在、京都精華大学人文学部専任教員。著書『永続敗戦論』（太田出版）はベストセラー。その他、『増補新版「物質」の蜂起をめざして』（作品社）、『「戦後」の墓碑銘』（金曜日）、『戦後政治を終わらせる』（NHK 出版）など著書多数。

木村朗（きむら　あきら）

1954年生まれ、北九州市小倉出身。鹿児島大学教員。日本平和学会理事。平和問題ゼミナールを主催。インターネット新聞 NPJ に論評「時代の奔流を見据えて」を連載中。主な著作は、単著『危機の時代の平和学』（法律文化社）、共著『米国が隠す日本の真実』（詩想社）、『核の戦後史』（創元社）、『広島・長崎への原爆投下再考―日米の視点』、『終わらない占領』（法律文化社）、共編著『20人の識者がみた「小沢事件」の真実』（日本文芸社）、『核時代の神話と虚像』（明石書店）など。

詩想社新書

詩想社新書発刊に際して

詩想社は平成二十六年二月、「共感」を経営理念に据え創業しました。なぜ人は生きるのかを考えるとき、その答えは千差万別ですが、私たちはその問いに対し、「たった一人の人間が、別の誰かと共感するためである」と考えています。

人は一人であるからこそ、実は一人ではない。そこに深い共感が生まれる——これは、作家・国木田独歩の作品に通底する主題であり、作者の信条でもあります。

私たちも、そのような根源的な部分から発せられる深い共感を求めて出版活動をしてまいります。独歩の短編作品題名から、小社社名を詩想社としたのもそのような思いからです。

くしくもこの時代に生まれ、ともに生きる人々の共感を形づくっていくことを目指して、詩想社新書をここに創刊します。

平成二十六年

詩想社

詩想社
— 新書 —
12

誰がこの国を動かしているのか

2016年6月23日　第1刷発行
2016年7月10日　第2刷発行

著　　者　鳩山友紀夫　白井聡　木村朗
発 行 者　金田一一美
発 行 所　株式会社 詩想社
〒151-0073　東京都渋谷区笹塚1－57－5 松吉ビル302
TEL.03-3299-7820
発 売 所　株式会社 星雲社
〒112-0012　東京都文京区大塚3－21－10
TEL.03-3947-1021
印 刷 所　株式会社 キャップス
製 本 所　株式会社 川島製本所

ISBN978-4-434-21630-5

詩想社新書

5

葛西紀明　40歳を過ぎても衰えない人の秘密

佐々木敏

葛西紀明選手推薦！　加齢による身体的限界は、私たちの思った以上に先にある！　葛西選手を長年みてきた元全日本・ジャンプトレーニングドクターが明かす、心と身体の「現役力」を保つ方法。

本体880円＋税

6

「サッカー代表監督」本当の名将は誰か

国吉好弘

山本昌邦氏推薦！　対談収録！　オフトからハリルホジッチまで、歴代代表監督から日本サッカーの進化の過程を読み解く。また、負けて叩かれ、勝ってもなお批判される「代表監督」の知られざる仕事の全容を明かす。

本体920円＋税

7

パニック障害、僕はこうして脱出した

円　広志

パニック障害発症から15年の闘病生活を告白。一時はテレビ番組をすべて降板し、家からも出られなくなった著者は、どうやってここまで回復したのか。「パニック障害は必ずよくなる！」というメッセージを送る。

本体900円＋税

8

中流崩壊　日本のサラリーマンが下層化していく

榊原英資

子どもの貧困、若者の失業、非正規社員の急増、「一億総中流」から脱落、貧困化していく人々……日本のサラリーマンが二極分裂し、その大部分が下層に飲み込まれていく近未来を予測する！

本体920円＋税

詩想社新書

9
心を動かす交渉上手の思考法
八代英輝

裁判官席から学んだ負けない交渉術！　元裁判官の著者が、交渉上手になる考え方、情報整理法から、実戦かけひき論、鉄壁の話術、事前の準備法までを明かし、どんな人でも納得させて心を動かす技術を説く。

本体900円＋税

10
資本主義の終焉、その先の世界
榊原英資
水野和夫

大反響4刷！「より速く、より遠くに、より合理的に」が限界を迎えた私たちの社会。先進国の大半で利子率革命が進展し、終局を迎えた資本主義の先を、反リフレ派の二人が読み解く。

本体920円＋税

11
言葉一つで、人は変わる
野村克也

大増刷！「野村再生工場」を可能にしたのは、「言葉の力」だった！　言葉がその人の考え方を変え、行動を変え、ひいては習慣を変え、ついには人生をも変える。どんなとき、どんな相手に、どのような言葉が響くのかを明かす。

本体880円＋税